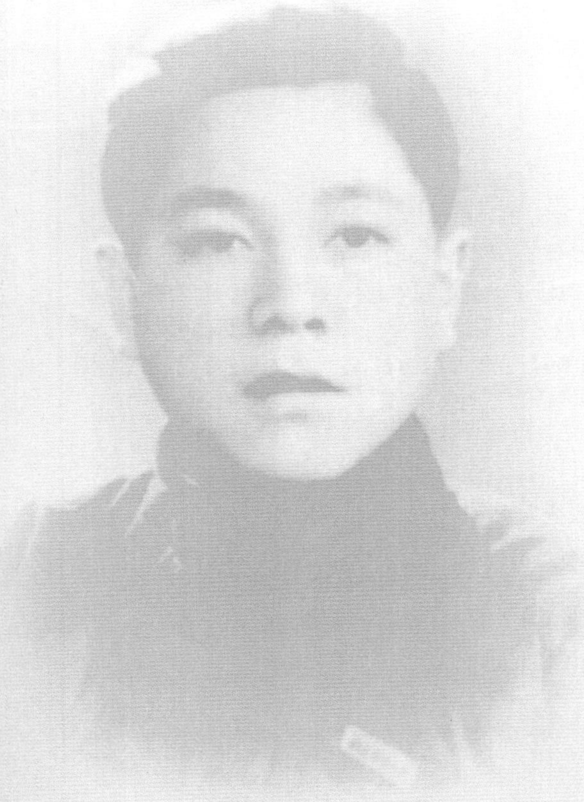

往事悠悠

江树人 著

中国农业大学出版社
· 北京 ·

内容简介

作者以自己丰富的人生经历，用流畅的文笔，生动的语言叙述了“大炼钢铁”、“四清”运动、在部队当战士、在工厂担任技术员、在农村中学任教员、在公办大学和民办大学任校长以及在我国改革开放之初有过的留学等经历。本书是作者对丰富人生经历的一些片段描述，折射出其所经历的时代特点，读后发人深省，不乏文学欣赏价值。

图书在版编目（CIP）数据

往事悠悠/江树人著. —北京： 中国农业大学出版社，2015.6

ISBN 978-7-5655-1197-4

Ⅰ. 往…　Ⅱ. 江…　Ⅲ. ①江树人-回忆录　Ⅳ. ①K825.46

中国版本图书馆 CIP 数据核字（2015）第 049553 号

书　　名　往事悠悠

作　　者　江树人　著

责任编辑　童　云　　**责任校对**　王晓凤

封面设计　郑　川　　**封面题字**　朱　非

出版发行　中国农业大学出版社

社　　址　北京市海淀区圆明园西路2号　　**邮政编码**　100193

电　　话　发行部 010-62818525，8625　　读者服务部 010-62732336

编辑部 010-62732617，2618　　出　版　部 010-62733440

网　　址　http://www.cau.edu.cn/caup　　**e-mail** cbsszs@cau.edu.cn

经　　销　新华书店

印　　刷　涿州市星河印刷有限公司

版　　次　2015 年 6 月第 1 版　　2015 年 6 月第 1 次印刷

规　　格　787 × 1 092　　16开本　　23印张　　250千字

定　　价　138.00元

序

今年年初，我拿到树人的回忆录《往事悠悠》，一口气读完之后，意犹未尽，便一直放在案头，稍有空闲，便拿过来翻翻："有过多少往事，仿佛就在眼前；有过多少朋友，仿佛就在身边……"

文如其人。树人的回忆录客观、平实、清新、淡然。既没有对自己历史的故意炫耀，也没有对过往今来的怨天尤人，在平铺直叙中透显着许多人生、社会的哲理，在家长里短中饱含着对家乡、对亲友的片片深情。《往事悠悠》就是一杯清茶，就是一樽醇酒。

我同树人的交往，正像树人所说，是半个多世纪的友情。

1956年，我们一起考进全椒中学，那时我14岁，树人12岁，在那六十多人的三（一）班，我们是属于年龄相仿，个头差不多的"小字辈"。因为个头差不多，老师安排同坐一桌，是"同桌的你！"因为个头差不多，加上气味相投，各人自带的旧被褥难御其寒，所以冬天时两人合铺共枕，互借体温，是“同床的你!”也因为同桌、同床，两小无猜，所以平时形影不离，相处甚洽。正是初中阶段这种同窗、同床、同桌的相处，就像初恋一样，给我们的一生都留下了永不磨灭的美好记忆。

半个多世纪了——

1959 年 10 月 11 日，我被打成反动学生，开除学籍，放回乡监督劳动。此时，全椒农村正处于万户萧疏、饿殍遍野的非常时期。饥寒交迫加上政治高压，我几近死亡极限，在阎王殿的门槛上晃了好几晃。人是生活在希望之中的，我时不时也逃离“监督”，外出讨口饭吃。可是，遇到熟人，遇到同学时，好多人都避而远之——也不怪：在那个“年年斗、月月斗、天天斗”的环境里，谁愿意去接触一个反动学生而自找麻烦呢？……可树人不一样，他认定这位老同学不是坏人。不仅在校内各种“批秦”场合一言不发，反而用各种方式给予同情、给予安慰，甚至还找些书籍、材料给我复习……1960 年春节前几天，树人在街上碰到我，见我饿得厉害，便从家里已见底的面缸里舀了一碗面粉，拿了一把荒草，到街上煎饼铺子摊饼子给我吃。此时，他家每人每天只有几两定量口粮，身体很不好的父亲和母亲还病重躺在床上。

半个多世纪了——

1960 年秋天，我复学读高中，当时整个社会都是“左”风烈烈。我虽复学，但因为没有公开平反，在学校里我仍是抬不起头来。特别是在那些上进心强、“阶级觉悟”高的同学甚至个别老师眼中，我是属于“另类”的。我时不时能感觉到那些异样的眼光和神情。此时，树人高我一班，但念及当初的感情，同我一样相交，一样帮助，一样关心。特别是他 1962 年考到北京农业大学后，千方百计地鼓励我往北京考。我清楚地记得，从他到北京农业大学到我进北京大学的一年中，他给我的信就有 20 多封；很少一个月一封的，多是十天半个月就一封，甚至一个礼拜一封……书信往来的频率有点儿像青年男女热恋时的情书传送。苍天不负有心人，我终于进了北大。应该说，我之所以能如愿，是“半缘修道半缘君！”

因为“文革”影响，我同树人几乎是同时结束学生时代生活（1968 年下半年）。毕业分配后，我们都面临着生活转型的压力：都要拼命工作，努力进步；都要结婚生子，成家立业；都要应付频发的政治运动和复杂的人际关系……此时我们相互联系虽少了一些，但都心心相印，声息相关，只要有机会，都会设法见上一面，聊上一通。

十一届三中全会以后，特别是 20 世纪 80 年代，我们的工作、生活都趋于稳定以后，相互往来便又多了起来。人到中年以后，话题也宽泛得多。从工作到学习，从单位到社会，从家庭琐事到国际风云……这些年，我们用手机短信进行交流更加频繁，有时甚至是一天多次。

“人以类聚，物以群分”，我和树人可能是属于同“类”相，有着许多共同点：

我们都是“生在旧社会，长在红旗下”，与年轻的共和国一道经历了风风雨雨；我们都秉持着中华民族的传统道德，在人生道路的坎坎坷坷中接受着毛式教育；我们读书的初衷是“只想混个肚儿圆”，但以后都走上了“学而优则仕”的道路；

我们当官后，都属于那种“书生气九足”（不是“十足”！如“十足”，也不会走到今天）的人，认认真真做事，清清白白做人，不会跑门子，不会拉关系，思想深处还都鄙弃那些官场潜规则……

有意思的是，大学毕业后，我们虽然天各一方，各行其道，但都头顶一个“农”字，扎扎实实为农民、农业、农村奋斗了一辈子。树人从小是属于书香门第的“城里人”，但考的却是北京农业大学。毕业分配后当了四个月的教书匠，也是在农业“丰产”中学，与农民的孩子打交道；八年化肥厂生涯，目的是为农民、农业多生产些化肥。1978 年重返农大后仍执教于土壤农业化学系，教研农药。1982 年出国进修，深造的是农药药理，直到五十岁以后当了副校长、校长，仍是中国“农大”校长，直到退休。

我本是个农村娃，地地道道农民的儿子。到城里喝了几年洋墨水后，又一头扎进淮北新农村（国营农场）“垦”农；1983 年省级机构改革的大潮把我推到省城合肥，但仍是干农垦，管农垦。后来重返淮北，任职阜阳，重要原因也是因为“懂农业，对农村比较熟悉”（当时的决策人省委老书记后来亲口对我说的）。从阜阳返回合肥如果不是阴差阳错，我可能要在省农委主任的岗位上干到退休。20 世纪 90 年代以后，连续十多年，我参加全国人代会、全国政协会、中央党代会，一发言“三句话不离本行”，常常讲农业、讲农村、讲农民。以至中央、省、市媒体一到安徽团采访，我常常被点名讲“三农”问题。

实事求是地讲，我和树人也有着许多不同：

一是树人比我聪明，智商比我高。中学时，我们学习成绩差不多，他各门功课，特别是数、理、化学得比我好。1962年高考前夕，树人在17天内连丧母亲和父亲的沉重打击下，靠着平时的扎实功底，以平均80多分的成绩考取了全国重点大学北京农业大学。在中学时，我们业余爱好都喜欢吹拉弹唱，树人于此触类旁通，而且笛子吹得特别好，到农大后参加了校文工团，在偌大的农大晚会上表演笛子独奏，直到二十多年后在德国城市节上还能“故技重演”，为中国留学生争了光。而我拿着两毛钱一根的笛子练了好多年，还常常停留在“不靠谱”的水平，有时想“露一小手”都很困难。

二是树人动手能力比我强。听农大师生讲，树人课讲得好，而且试验也做得好，不仅能文，而且能武。在那人才济济、群英荟萃的全国最高农业学府里，树人没有任何后台，从普通教师到教研室主任、系主任、教务处长、副校长、校长，足见其德才与工作是大家认可的。我与树人相比，是属于人们眼中的政工型干部，说得多、做得少，叫别人干得多、自己动手少，特别是在家中属于那种“横草不拿，竖草不拈，倒了油瓶都不扶，有时还要上去踢一脚”的懒汉。

三是树人的后发优势好。树人上大学时是“三八式”：年龄18岁，体重78斤，身高1.48米。可能是北农大“田肥土沃”，加上“鞋底里上了化肥”，树人上大学后第一年就长了十多公分。树人的这种后发优势持续了好几年，个儿直长到1.75米左右，成了亭亭玉立的“帅哥儿”，而我则是蹉跎岁月，吃饱肚子也只是“横向发展”，个儿最高时也未到1.68米，始终是“三等残废”！

感谢上苍、感谢命运、让我们赶上了改革开放的好时光。

如今，我们都健健康康地行进在“奔七”的人生旅途上。“天地悠悠，过客匆匆”，我们每个人也都是一位“过客”。让我们共同祝愿好人一生平安！

秦忠文

2010年12月于合肥

自序

2008 年我从中国农业大学退休，受聘出任北京吉利大学校长，当年年底搜狐网马智等几位年轻的记者对我做过一次有关民办教育专题的视频采访。采访结束后，他们建议我在搜狐网开辟个人实名博客，并很快用短信发来了我的搜狐实名博客网址。于是，从 2009 年元月 12 日我在搜狐博客发表的第一篇回忆文章《在 4568 部队接受“再教育”的日子》起，至 2013 年 3 月止陆陆续续共写了 60 多篇文章。这些回忆文章主要记录了我的家世、求学和工作经历以及与亲人、同学和朋友的交往等内容。我写这些文章的目的，一是为了感恩生养我的父母以及教育、关怀和帮助过我的亲人、老师、同学和朋友；二是为了用回忆文章反映我所经历过的时代背景和知识分子的命运。这些文章在搜狐博客发表后，许多亲朋好友和一些不相识的读者留言与我进行交流并建议我将文章整理成书。在大家的鼓励下，现将我在搜狐博客发表过的部分文章和一些其他文字汇集成《往事悠悠》一书。

感谢我的中学同学、好友，原安徽省政协副主席秦德文为本书作序；感谢著名书法家朱非先生为本书题写书名。

也感谢中国农业大学出版社领导对本书出版的支持，特别要感谢本书责任编辑童云女士所付出的辛劳。

江树人

2014年12月25日

目　录

照片专辑

四岁时与家人的合影（1948 年）

（右起：母亲王素华，大妹江树芹，江树人，堂弟江树功，九妈刘华荣）

与志愿军合影（1953 年）

（左起：江树人，堂弟江树春，江树基）

1962 年刚入大学时照片

1968 年大学毕业时照片

与大舅王振华合影于
西北农学院校园（1967 年）

与五姑江祥龄和表姑王贤珍全家合影于天安门广场（1965 年）

结婚照（1968 年）

全家合影（1972 年）

调回母校后全家合影于北京农业大学大门（1978 年）

两个儿子于颐和园
（1979 年）

全家福（2010 年 2 月 13 日）

全家于雅加达机场（2010 年 2 月 15 日）

全家福（2013 年春节于山西阳高）

孙女江嘉一和江佳媛（2014 年 10 月）

漫步悉尼大桥（2014 年）

与两个妹妹（树芹和树芬）合影（1999 年）

九叔 90 大寿时合影（2006 年）

与王贤珍表姑夫妇、五姑及米勒夫人合影（2005 年）

与五姑、六姑合影（2006 年）

表姑王贤珍、金光群夫妇 80 寿诞（2000 年 5 月）

在堂妹江晴（右）法国巴黎的家中（2013 年 11 月 23 日）

在墨尔本侄女程江（右一）家作客（2010 年 7 月 7 日）

2012 年与在美国的侄儿江乐一家合影

（左起：王秀芹，汪继莹，李德发，江树人，江乐一家三口）

与汪家亲戚天津行（2006 年 5 月 4 日）

（左起：杨振友，江树人，汪爱新，汪继莹，常庚哲，汪立民，张凤琴，汪奥嘉）

与亲友合影于颐和园（1992 年）

（左起：江恒，江树基，江树人，汪继莹，刘军）

慕尼黑电视塔上

（1982 年 10 月 26 日）

1999 年教师节与姜春云合影

（前排左起：曾士迈院士，毛达如老校长，江树人校长，姜春云副委员长，李晶宜书记，老校长石元春院士，吴常信院士；

后排左起：李保国教授，谭向勇副校长，韩惠鹏副校长，夏国良教授，李里特副校长，程序教授，马寅生副书记，张福锁教授，彭友良教授）

王夔院士和江树人校长为应用化学学院成立大会揭牌

（2001 年 4 月 15 日）

合影于人民大会堂（2005 年 9 月）

（左起：李晶宜，袁隆平院士，戴景瑞院士，江树人）

与老校长石元春院士（2001 年 12 月 27 日）

在常州看望毛达如老校长（中）和他的家人（2013 年 6 月 23 日）

与荷兰瓦格林根大学校长（2000 年）

全椒在京乡友看望原安徽省省长王郁昭（2015 年 3 月 28 日）

（前排左起：江树人，王郁昭，王郁昭夫人，李道夫；

后排左起：梁华龙，许朝友，董光林，乐晓春，张云凤，白绕然）

与书法家欧阳中石先生（2009 年）

与作家江曾培（右）和全椒县委书记盛必龙（中）合影
（2011 年 11 月 28 日）

与书法家刘子善先生（2003 年 12 月 4 日）

与书法家杨再春先生（2009 年）

与书法家秦锦章先生（2006 年 5 月 1 日）

与书法家朱非先生（中）和中国农业大学张东军副校长（左）
（2014 年 11 月 13 日）

在埃及金字塔（2001 年 6 月）

中国农业高校校长代表团访问美国（1998 年 5 月）

（左起：程序，江树人，翟虎渠，向仲怀，刘长江，周效贵）

中国农业高校校长代表团在美国（1998 年 5 月）

大陆农药专家代表团访问台湾农药检定所（1998 年 12 月）

（前排左起：徐子成，李正民，李国庆（台湾），江树人，尚尔才

后排左起：徐振元，翁愫慎（台湾），杜英娟，吴文君）

天津市市长李盛林向江树人颁发市政府战略发展顾问证书
（1999 年）

在上海交大与谢纯武校长交换两校合作协议书（1999 年）

与德国 Hohenheim 大学校长 Makarzina 教授签订
两校合作协议（1999 年）

访问德国 Hohenheim 大学签订两校合作协议后与 Makarzina
校长和老校长 Reisch 相互敬酒（1999 年）

与世界绿色革命之父诺贝尔奖获得者 Rorman Borlaug 教授（2000 年）

应中国驻南非大使王学贤（左 8）邀请参观停靠在开普敦港的中国海军舰艇远望 3 号（2010 年 12 月 1 日）

访问韩国顺天大学（2001 年）

（左起：张文立，王敬国，江树人，龚元石）

访问以色列会见农业部长 Shalom Simchon（2001 年）

与以色列首席农业科学家合影（2001 年 6 月 6 日）

访美时与美国农业部副部长（左一），加州大学河边分校校长（左三）合影（2001 年）

中国驻以色列大使潘占林（右三）设宴招待（2001 年 6 月 1 日）

在福州接受电视台采访（2003 年）

与俄罗斯前杜马主席谢列兹尼奥夫共同主持会议（2003 年）

任教育部委派的华南农业大学本科教学水平评估专家组组长

（2004 年 12 月）

与校友在深圳三洲田植树（2004 年）

陪同德国客人参观校史馆（2005 年）

（左起：施密特夫妇，米勒夫人，舒勒先生）

陪同原中共中央政治局常委宋平同志参观校史馆（2005 年）

带领中国农业大学橄榄球队参加在意大利罗马举行的第二届世界大学生橄榄球赛

（后排左五郑红军教练，左六江树人）(2006 年 8 月 1—7 日）

访问越南河内农业大学与该校武校长合影（2006 年）

在日本神户大学为学生上课后合影（2006 年 11 月 14 日）

巴黎高教展（2007 年）

中国驻法赵进军大使在大使官邸宴请（2007 年）

希腊爱琴海边 (2007 年 5 月 28 日)

与吉利集团董事长李书福合影留念(2008 年 10 月)

于美国夏威夷珍珠港（2013 年 2 月 15 日）

内蒙古大草原自驾游（2013 年 7 月）

与米勒教授夫妇（1988 年）

1998—2002 年中国农业大学校领导班子全体成员

（左起：谭向勇，傅泽田，韩惠鹏，李晶宜，江树人，李里特，李世盛，马寅生）

四位校长合影（2012 年 4 月 21 日）

（左起：江树人，石元春，安民，柯炳生）

与中学同学汪世和（中），王明容（左）合影

（2006 年 4 月 29 日）

江家大院发小聚会（2012 年 4 月 1 日）

与秦德文在黄山天都峰（1989 年夏）

大学同班同学合影（1965 年）

（前排左起：唐俐玲，黑中一，李祥清，陈恕楠，王积贵，张岳军，林岩，覃章贵，叶孔敦，李增民；
后排左起：徐立森，宋宝森，卢志元，储志伟，余沐雨，陈云林，周佩玉，江树人，韩德元）

与应化系同事登百望山（1990 年）

（前排左起：梁晓梅，许文娜，白月敏，明九雪，南瑞然，洪莉，李萍，万宝洁，王志强；
后排左起：吴景平，张文吉，司宗兴，罗允扬，江树人，陈万义，单国民，张加东，王敏，王道全，臧二乐）

与教务处同事合影（1994 年）

（前排左起：姜海辉，邢淑芬，吕天敏，杨小燕，果洪丽，王淑卿，胡云妥；
中排左起：任卫萍，谢咏才，黄铁城，林家栋，江树人，席清，刘淑君；
后排左起：张士杰，刘玉琳，刘尚民，安生，张金峰，张庆国）

拉萨留影（2000 年）

（左起：曲瑛德，孙文锴，江树人，翟志席）

作者夫妇与蓉蓉（左二）和静静（左四）合影

于中国农业大学（西区）校园

（2015 年 5 月 20 日）

与山西阳高县的朋友合影（2013 年春节）

（右起：闫三喜，任志亮，江树人，朱小郎，田立圣全家）

与中国农业大学离退休同事游黄帝陵（2014 年 10 月）

内蒙古大草原自驾游乡亲驴友团成员（2013 年夏）

乡亲驴友团在黑龙江伊春天赐湖 (2014 年夏）

70 岁生日与同事、朋友、学生和家人合影（2014 年 6 月 29 日）

与原北京吉利大学同事合影（2015 年 3 月 24 日）

（左起：邬明朗，张东春，江树人，潘京蓉，林裔雄）

江树人 1988 年翻译的《植物药理学》原著和中文译本

中国农业大学校长任命书

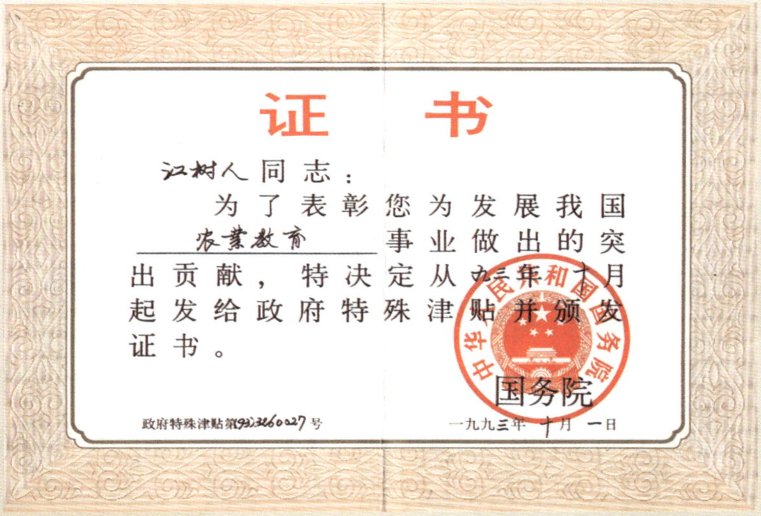

国务院特殊津贴证书

照片专辑

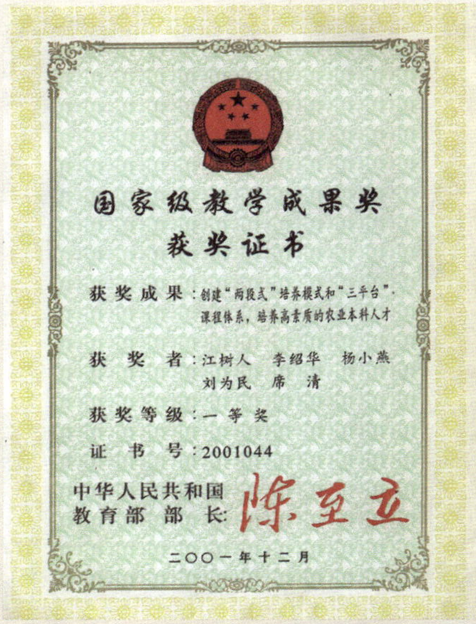

国家级教学成果奖
获奖证书

获奖成果：创建"两段式"培养模式和"三平台"课程体系，培养高素质的农业本科人才

获奖者：江树人　李绍华　杨小燕　刘为民　席清

获奖等级：一等奖

证书号：2001044

中华人民共和国教育部部长：陈至立

二〇〇一年十二月

获国家级教学成果奖一等奖证书

国家级教学成果一等奖获奖集体合影（2015 年补拍）

（左起：刘为民，杨小燕，江树人，李绍华，席清）

优秀博士论文导师证书

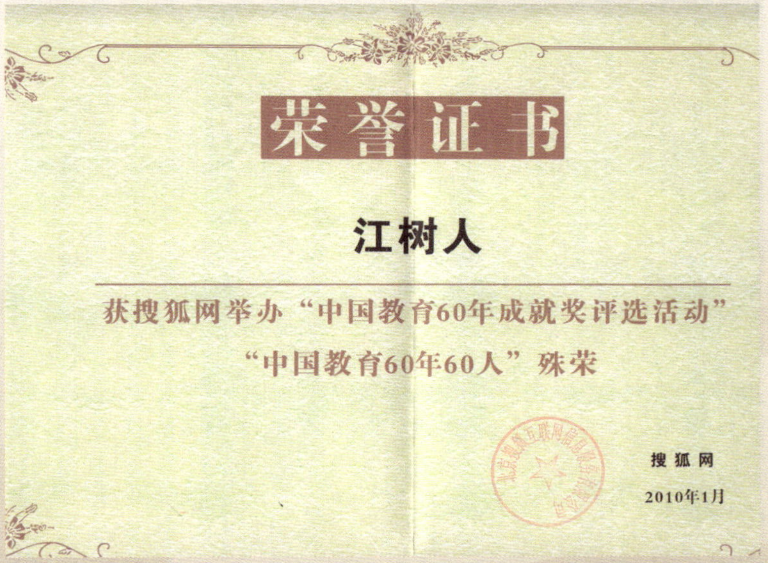

搜狐 60 年 60 人证书

我的故居——江家大院

现存的江家大院门牌

我的故居——江家大院坐落在全椒县城宝林一路，离环绕县城的襄河只有百米之遥。江家大院可能始建于我的高曾祖父之手，距今至少应在150年以上。据说在江家鼎盛时期宅第颇具规模，天井式的明清四合院并列两排，前后多进，其格局是前小后大，前低后高，寓意一代比一代强。沿街的门面房与后面的住宅之间有一个很大的院子，住宅后面还有一个大桑园，与荷花塘相连。可以想象，每当夏季荷花盛开、桑树结果、知了鸣叫之时，那是一个多么令人流连忘返的地方。

我曾祖父兄弟两人，祖父这一辈堂兄弟、姐妹总共10人，到我父亲这一辈家族已发展到有堂兄弟12人、堂姊妹7人，这个大家族的成员全部住在江家大院内。

抗日战争时期，全椒县城曾被日本鬼子占领，县城内的百姓全部逃到乡下避难，江家大院内的房屋被日本鬼子烧毁了一部分。到1949年时，我的记忆中，大院西半部前后只有三进院宅，东半部仅剩两进。江姓只有七八户不到30人住在院中。新中国成立初期，地方政府经常在江家大院中举行一些诸如宣布受管制人员名单、“三反五反”批判大会等活动。

1953年赴朝鲜抗美援朝的志愿军回国，全椒县城驻军不少，江家大院一部分房屋被安排为一个团部招待所。志愿军同志与我们江家人相处非常融洽，这些来自四川、山东等地的志愿军官兵无论对大人或小孩一律称“老乡”。他们中很多人的姓名及音容笑貌至今仍留在我的记忆中。我还珍藏着一张姓熊的四川籍志愿军战士与我及两位堂弟在县城“镜秋照相馆”拍照的合影。

1960年，江家大院内的住户被地方政府命令全部迁出。起因是：全椒乡下一位名字叫施金山的青年社员在生产队牛棚发生火灾时因保护耕牛而不幸牺牲，他被追认为烈士，《安徽日报》做了专题报道并号召全省人民向他学习。为纪念这位英雄人物，县政府决定将江家大院改为“施金山纪念馆”。一年多以后，不知何故纪念馆撤销，江姓人家又搬回原址。

我的印象，江家大院是由地方百姓的习惯称呼而转成为正式户籍名称的。新中国成立后，住在大院中的江家人由于种种原因陆续分散到全国及世界各地，留在院中的人口越来越少，至前些年院中只剩下我的九叔老夫妇俩人，后来他们被女儿接走，现在江姓已无人在此居住了。实际上，大院早就不复存在了，1949 年后大院内所有的空地已陆续被外姓居民盖满了房子。如今只有临街入口处“江家大院”的门牌和所剩为数不多的、已经非常破旧的老式瓦房仍可依稀判断这里曾是江姓人家的老宅。

我是 1962 年 18 岁赴北京读大学时才离开江家大院的。江家大院留在我记忆中的既有童年的欢乐，也有在那个漫长的特殊年代发生的许许多多不堪回首的往事。

江家大院内残存的门楣

江家大院的老井（江桥在提水）

（本文写于2009年2月25日）

我的祖父母

祖母江鲁氏

我的祖父兄弟五人，祖父行二，祖父这一支在江家被称作老二房。我是在祖父去世十多年后才出生的。祖父去世较早，只活了四十多岁，据说是因为他的一位程姓亲戚生病，上吐下泻病情危急，当时对一些顽疾有采用鸦片治疗的方法。我的祖父为了帮助这位亲戚治病，用口对口的办法向亲戚口中喷鸦片烟，结果这位亲戚获救，但几日后祖父去世了。后来才知道这位亲戚患的是传染性极强的霍乱病。祖父病故后，留下祖母和我的大姑妈及我父亲弟兄三个。当时江家是个大家族，没有分家，拥有几千亩土地及商店等家产，由大房掌管。家族成员一律吃大锅饭。据我九叔回忆，大灶每日供应的基本上都是糙米饭、稀饭、白菜与咸菜。各房的零花钱也是由大房当家人分发。

我父亲在南京读中学期间，每逢开学都得从大伯父处领取费用，逢大伯父正抽大烟时，只得站着耐心等待。我的九叔后来之所以选择就读军校完全是出于军校可免交一切费用的缘故。由此可以想象出祖母一家当时的境况。

我的祖母娘家姓鲁，在当地属于殷实人家。祖母有六姐妹，她行二。我只记得祖母的大姐（我称她大姨奶）与祖母长得非常像，婆家姓韩，开米行。三姨奶婆家姓沈，是县城有名的酱园“沈正和”的主人。五姨奶婆家家境不详。老姨奶（即祖母的六妹）婆家姓路，开盐行卖盐。

祖母出生的年代仍须裹脚，她的脚是典型的三寸金莲。祖母虽没读过书，但通情理，脾气好。我因是老二房的长孙，从小就深得祖母的宠爱。我的童年与少年时期，因父母在外地工作一直与祖母一起生活。小时候祖母为我讲故事、唱儿歌，带着我走亲戚的情景至今仍历历在目。记得小时候一次与祖母聊天时我对她承诺："等我长大了，一定挣钱给你花！"祖母听后很高兴，但说道："等你挣钱时，我的骨头早打鼓了（意思是早不在世了）！"祖母果真没有活到我挣钱的日子，祖母于1960年我读高中时病逝，终年75岁。多年来我每次回全椒都要到祖母的坟上拜祭，并按照当地习俗焚烧纸钱，以寄托对她的思念。

祖父母墓

（本文写于2009年3月1日）

我的父母亲

我的父亲江元善（1947 年）

我的父亲江元善，生于1913年，兄弟姐妹四人。父亲幼年丧父，由祖母将他们带大成人。江家是个大家族，兄弟姐妹大排行，姑妈江菊仙在姐妹中排行老大，我的父亲在兄弟中行六，伯父江元熙行四，叔叔江元涛行九。

父亲只读至高中肄业。据说父亲在南京长乐路安徽中学读高中时的一个夏天接受军训，一天学生们在酷暑太阳下站立听蒋介石训话，父亲受热晕倒，被用担架抬回全椒治疗养息，学业中断。后来父亲参加了电话技术培训，结业后先后在安徽省全椒县、灵璧县任电话室主任。新中国成立后父亲由灵璧县回到家乡全椒县家中赋闲一段时间，后担任小学教员、小学校长。父亲于三年困难时期在贫病交加中离世，终年49岁。父亲性格温和，他与亲戚和同事相处关系一直非常融洽。

母亲王素华，生于1914年，兄弟姐妹五人，母亲行三。我的外祖父原籍安徽皖南太平县，是位徽商。后迁至全椒县，先在县衙门做师爷，后定居赤镇经营盐业。我的外祖父是位开明商人，在那个年代，他能让我的大舅（王振华）读至大学毕业（南京中央大学）并送我的母亲到合肥女中读完高中实属不易。我母亲新中国成立前曾在县城荷花塘小学任教，新中国成立后参加过政府组织的扫盲工作，后到华兴小学任教员。1957年“反右派”运动中，她被错划为右派分子，遭到开除公职处分。于1962年6月25日在贫病交加中离开人世，终年仅48岁。在母亲去世后一个多月，她被错划右派分子的冤案获平反。但为时已晚！母亲很聪明，也很善良。母亲虽然出身于大家，但新中国成立后她的政治态度十分明朗，拥护新政权，拥护共产党。但在那个政治运动不断，胡乱整人，草菅人命的年代，母亲在“反右”运动中惨遭厄运，并付出了生命的代价。

我的父母养育了三个儿女。我是老大，还有两个妹妹江树芹和江树芬。我父母 1962 年去世时我的大妹妹年仅 15 岁，小妹妹 6 岁。在我当年赴北京读大学之后，大妹妹担负起了家庭的生活重担。她帮人家带过小孩、做过小买卖、砸过煤球……挣钱养活自己和小妹妹。在我大学毕业前，我那位在西北农学院任副院长的舅舅王振华每月接济我两个妹妹 15 元生活费。我的大妹妹虽只读过几年书，但靠自己努力，后来成为全椒县石油公司主办会计及财务负责人，直至退休。小妹妹初中毕业后作为知识青年被下放到全椒县章辉公社，几年后被招工到全椒化肥厂当工人，现也已退休，定居上海。

母亲（左）与同学合影

（本文写于 2009 年 6 月 11 日）

初小时光

戴尔箴老师（前排左三），吴克诚老师（前排左二）和昔日的学生们（1982 年 2 月）

我是1950年6岁时开始上学的。最初就读的小学叫凤凰小学，坐落在全椒县城石桥附近，即现在的实验小学校址。我的第一位班主任是位姓薛的女老师，年岁已不小，面部有着患天花留下的明显斑痕。正因为这一先天缺憾，薛老师终生未嫁。薛老师对学生非常好，据说，有一次一位学生腿被狗咬伤了，薛老师当即用嘴对着伤口吮吸，此事一直在师生中传为佳话。跟着薛老师的班我只读了很短一段时间即转学到南屏小学。起因是：一天午后上学的途中，我遇见了一位残疾人，他走路仰着头，张着大嘴样子很吓人。县城街道很窄，我与他正好迎面相碰，吓得我转身就跑回了家。其后不久的一天午后，我在上学的途中与这位残疾人又不期而遇，又被吓了一次。后来得知，此残疾人家住在县城东门的袁家湾，为避免与他在上学路上相遇，家人将我转学到了南屏小学。南屏小学位于小桥街，在县城西头，校址是我们江家的祠堂“萧江祠”。新中国成立后，此祠堂被政府没收改建为南屏小学。我去南屏小学上学，从家中出来是由东往西走，与残疾人相遇的几率可大大减小。果真，后来在上学途中再也未碰到过这位残疾人。

南屏小学只有初小部，我在此读了四年，完成了初小阶段的学习。当时的校长是袁乾芳老师，教导主任是戴尔箴老师，一年级最初的班主任是江霞玲老师，后来吴学科老师、赵伦高老师也当过我的班主任。初小学阶段的老师和几件事至今印象仍很深。

戴尔箴老师：戴老师是我初小阶段学校的教导主任。戴老师留给我的印象是端庄漂亮，和蔼可亲。戴老师课堂教学深受学生欢迎，她在小学和中学任教期间曾多次公开示范教学，是县里有名的模范教师，深受学生和同事们的爱戴。在那极

"左"的年代，戴老师和她的家人也曾历经许多磨难。多年来，我和戴老师一直有联系。每逢教师节，我都会用电话送去问候和祝福。

入队：大约在小学二年级时我被批准加入少先队。当时入队好像并不容易，那一次全校只批准了两位同学入队，另一位是家住在大南门附近的四年级学生彭令翔。在全校举行的入队仪式上，我俩被系上新红领巾，站在高高的滑梯上面，全校老师和同学为我们鼓掌，这是我平生第一次经历这样的光荣场面。

儿童节：初小阶段的一次六一儿童节，学校给每一位学生分了四粒糖果。糖果盛放在一个喝水用的搪瓷保温桶盖子上，老师用手托着到教室里分给大家。在当年对孩子们来说，能吃上糖果是很大的享受，所以此事至今印象深刻。

远足：当年学校组织学生郊游叫远足。初小期间我曾参加过学校组织的到离县城十多里外的"斩龙岗"的地方远足。全椒县属丘陵地带，"斩龙岗"是典型的丘陵地形，土壤颜色深红。传说历史上刘伯温持剑追杀一条龙到此，他正在寻找这条龙的去向时，欲小解，于是将手中的利剑顺手往地下一插，顿时从地下喷出鲜血。原来他追杀的那条龙正藏在他的脚下，于是刘伯温拔剑连斩数刀，将龙斩成几段，龙身飞起散落处形成的几个小山包，龙血将山包染成了红色，"斩龙岗"由此得名。县城及"斩龙岗"周边的百姓腌制咸鸭蛋喜取斩龙岗的红沙土包裹，用此红沙土包裹腌制出的咸蛋蛋黄含油，吃起来更加可口。

小图书室：在我上初小的后一阶段，与"萧江祠"相距很近的土地庙也被改建成南屏小学的一部分。其中有一间小房子被用作图书室，说是图书室，实际上没有几本书。一次上课时，我因在课堂上说话违纪，被老师将我罚到教室隔壁的小图书室隔离了一会儿。利用此受罚隔离的时间，我在图书室里看完了一本连环画小人书《小英雄雨来》，至今难忘。

范文：大约是小学三年级开始学习写作文，那个年代学生课外读物很少，也不像今天学生还可借助各种媒介获取知识。所以，那时的小学生可说是孤陋寡闻。一次春游后，我的同班同学叶家佩的作文被语文老师赵伦高当作范文在班上宣读，她作文中用了“绿油油的麦苗”一词，大受老师的赞扬，也令同学们羡慕不已。叶家佩是西门小桥街叶家砂货店（出售碗、碟、缸、铁锅等物品）老板叶泰康的三女儿，与我一直同学到全椒中学毕业，后来考取安徽中医学院，毕业后分配到芜湖市一所卫校从教直至退休。她的父亲叶泰康先生是很本分的买卖人，“文革”期间被迫害致死。

校长“生产”：南屏小学校长袁乾芳老师教我们美术课。有段时间，一直未见袁校长来校上班，后听一位老师说：“袁校长在家生产了。”我们不解“生产”二字其意，经老师解释，才知道袁校长是在家生小孩了。新中国成立初期，妇女生小孩叫“生产”，“产假”一词是否由此而来？袁校长当年生的这个男孩叫董一佳，他如今也该年近六旬了。袁校长有四个孩子，董一平、董一芹、董一中和董一佳。在中国那个极“左”的年代，四个孩子尽管出身书香门第（他们的爷爷、父亲。都是有名的中学数学教师），由于受家庭政治背景的影响，都未能上大学，作为长子的董一中当过知青和建筑工人。“文革”结束后，他靠自己的聪明才智和实干精神，从一名普通工人起步，最终担任了安徽滁州市建筑公司总经理。多年前，他出差北京，我们曾见过一面，聊天中得知他童年时的一位小伙伴鲁幼庭时任滁州市政府秘书长要职。按鲁幼庭的家庭背景能做到这一职位实属不易，我认为这与家庭教育不无关系。鲁幼庭的父亲鲁栋庭是位开布店的商人，店铺与我们江家大院同在凤凰街（后改名宝林一路）。鲁栋庭先生在我的印象中是位开明商家，新中国成立初期曾任过全椒县工商联负责人。据说，他常教育孩子：人最重要的四个字是“吃饭，读书”。由于教育有方，他的孩子个个都很优秀。鲁幼庭入学前曾上过我母亲开办的学前幼儿班，那时他家已订有儿童杂志《小朋友》。鲁幼庭的姐姐鲁翠如是家中老大，在全椒中学读书时比我低一级，学习成绩一直非常优秀，全椒中学毕业后，考取国家重点大学合肥工业大学，后分配到南京汽车制造厂做技术工作直至退休。

在我初小毕业后不几年，南屏小学校长袁乾芳老师即开始遭遇政治灾难。在1956年的“肃反”运动中，她被戴上了“特嫌”帽子而遭开除公职，从人民教师一下沦为“四类分子”。为了生计，她学会了缝纫，在西门开了一家缝纫店，带着女儿一起做活。由于她是“四类分子”，经常被街道干部派去做义务工。我在全椒化肥厂工作期间，1970—1971年建厂初期平整厂区土地时，襄河镇多次集中各街道的“四类分子”到厂区劳动，袁校长也在其中，她当时60岁左右。与袁校长一起来此劳动改造的还有多位已年逾70岁，戴着“四类分子”帽子的我的亲戚或熟人。

“文革”结束后，袁校长的冤案得到平反，但她已进入人生的晚年。她的四个孩子因为她的“政治问题”都未能进入大学校门。袁校长政治上获得平反后总算过了几年平静的日子。但她70多岁时不幸患了阿尔茨海默症（老年痴呆症），大约活到80岁病逝。

一对新人来访：初小期间，给我留下印象很深的还有一件事——1953 年的一天，实验小学王明中老师携新婚妻子栾振英来校送喜糖的情景。王老师是实验小学音乐老师，一表人才，不仅歌唱得好，还会作曲，并写得一手漂亮的毛笔小楷。栾振英当时在河北保定做护士工作，人长得非常漂亮。这一对俊男靓女的到来自然引起同学们的好奇，大家纷纷挤到办公室门口观望。后得知，王老师刚刚结婚，是专程来给南屏小学老师们送喜糖的。

这位多才多艺的王老师在其结婚后不几年也遭遇了厄运。1956 年的那场“肃反”运动，王老师被以所谓的历史问题抓走判刑，服刑期间正碰上“三年困难时期”，连饿带病，差点送命。所幸王老师总算死里逃生熬过来了，“文革”结束后王老师获得平反，恢复了教师职业直到退休，他的三个女儿也都成家立业，王老师夫妇如今已年近 80 岁了，在家乡全椒县城过着幸福的晚年。

王明中老师结婚照（1953 年）

袁乾芳老师晚年照片

（本文写于2009年3月3日）

高小时光

江彬老师（后排左一），戴尔箴老师（前排右一）等 10 名全椒县优秀教师合影于江苏太湖（1955 年）

1954年夏我初小毕业，升入城内实验小学高小部。高小部五年级分甲、乙、丙三个班，甲、乙两个班的班主任分别是吴克诚老师和杨文熹老师，我所在的五（丙）班班主任是王福伟老师。王老师家住县城西门小桥街，弟兄七人，大都从事教育工作，所以王老师家大门上的对联上下联总是写着："为人民服务""替教育献身"。王老师自幼酷爱书法，他的毛笔书法在县里很有名。王老师经常说："字是门面三间"。王老师是位老教师，教语文。他对学生非常严厉，学生都怕他。所以他上课时，学生一般不敢有违纪行为。王老师要求学生除学好课程外，还要求学生要写好字、要锻炼身体、要喜爱京剧……近年，我国的教育主管部门要求，京剧要进中小学课堂。在这一点上，王老师在50多年前已付诸实践了。记得小学六年级时，王老师曾将家中收藏的老式京剧唱片"薛平贵回窑"用留声机放给我们全班同学听。

1956年夏，我完成了两年的高小学习，准备参加县里组织的升初中统考。当年，全县高小毕业生共2 000多人，但全县唯一的一所中学招生名额只有250多名。由于当时年龄小（12岁）并未真正意识到竞争形势的严峻。记得参加升学考试的前一天晚上，我与家人正在院子里乘凉，可能是教师责任感的驱使，王老师晚饭后来到我们江家大院进行家访，黑暗中他站在我的面前说道："江树人，明天就是你千钧一发的时候了……"他说话的口气非常严肃，令我至今印象极深。第二天，我带着王老师的这句既是提醒，也是激励的话走进了考场，顺利考取全椒中学，成了一名中学生。

除了我的班主任王福伟老师外，高小阶段还有几位老师给我留下了很深的印象——

校长谢斌老师：谢校长中等个头、清瘦、很帅、也非常文雅，典型的知识分子模样。谢校长家住凤凰街，与江家大院仅相隔几家门面。谢校长的夫人盛学英也是小学教员，长得很漂亮。我记得，他们家住的是带天井小院的老式瓦房。我与几位小学同学夏天晚上曾在他们家的院子里上过晚自习，我们照明用的是墨水瓶改做的简易小煤油灯。1957 年谢校长在“反右派”运动中被划为“右派分子”并被开除回家。谢校长失去公职后靠拉板车为生，1960 年我曾在全椒县城的街道看到他穿着一条短裤，低着头、赶着个毛驴拉板车的情景。我当时就想，他这么一个瘦弱的书生如何能承受起这样的苦力活！但谢校长挺过来了，而且经历了 1959 年冬至 1960 年春全县饿死四万多人的最困难时期，真不容易啊！所幸“文革”结束后，谢校长获得平反，被安排到滁县煤建公司等单位工作直至退休。自 1960 年以后，我再也没有见过他们夫妇二人。三年前，谢校长夫妇为了他们的外孙上大学的事（高考分很高，但第一志愿未能如愿）打电话找过我。在我的尽力帮助下，他们的外孙入读中国农业大学生物学院。如今，谢校长夫妇已年过八旬，住在滁州市。

数学老师吴克诚：吴老师清瘦，常穿着一件黑呢子面料的中山装上衣。他家住在东门儒学街。吴老师讲课有条理、非常清楚，很受学生欢迎。1957 年以后，吴老师也因“历史问题”被抓走劳改，几年后获释。他因身体瘦弱干不了其他农活，安排他放牛，也算生产队对他的照顾。“文革”结束后，吴老师获平反恢复公职，后因患癌症病逝。

地理老师江彬：江老师是瘦高个，文质彬彬。他夫人王文珍也是小学教员，他们住在江家大院以西的宝林桥桥头。他们家的前面有两家店铺，即张文涛先生开的酱菜店和王永和中药店。江老师有四个孩子，两男两女。江老师是上门女婿，所以他们的第一个男孩跟妈妈姓，取名王宗国。江老师夫妇感情特别好。但这样一个幸福的家庭被政治运动毁了。1957 年江老师因所谓的“历史问题”被捕，1960 年病死在劳改农场。噩耗传来，对王文珍老师无异于是晴天霹雳。王老师每月 38 元工资要养活四个孩子，此外，还要背负着“反革命”家属沉重的包袱，生活的艰难可想而知。1960 年我们江家大院被施金山纪念馆占用，江家人被迫迁出。我奶奶、我的四老爹一家及我四妈一家被街道安排与王老师家为邻。当时，我跟奶奶住在一起。我清楚地记得，夜晚从王老师的房内经常传出她怀念丈夫令人心碎的悲惨哭声。历经千辛万苦，王老师总算把四个孩子全部拉扯大。多年前，我回全椒曾看到满头白发的王老师坐在她家门前沿街的一个小凳子上，样子很安详。去年，再问起她时，已病故了。

音乐老师王明中：王老师家与我们江家是亲戚，我的大姑妈是王老师的三妈。王老师家位于东门与南门之间，所以人们习惯称他家住的那一带叫“城里”。王老师家东边的城门下原有一块马蹄石，那马蹄印据传是楚霸王项羽的坐骑越过城门落地时留下的。年轻时的王老师是位帅哥，他在县城内最好的小学——实验小学任音乐教员。王老师不仅歌唱得好，他还会作曲，他的作品曾在专业音乐杂志上发表过。王老师教过我们好多歌，有一首“你呀，肮脏的小姑娘”的歌词和曲谱我至今仍记得很清楚。王老师年轻时也曾经历过政治磨难，详情记述在我的“初小时光”一文中。

王福伟书法艺术

王福伟先生

王福伟（1914.2—1994），字辑如，斋号斗轩，政协全椒县第一、二、三届委员，政协全椒县老委员联谊会委员，安徽省书法家协会会员，政协全椒县书画社理事，全椒县吴敬梓研究小组成员，全椒中学教师，全椒县实验小学教师。

（图片由靳军提供）

王福伟老师和他的书法作品

（本文写于2009年3月9日）

中学时光

1962 年高中同学合影

（前排左起：王明容，江树人，何朝阳；后排左起：汪继莹，王其敏，江文，赵瑞兰）

全椒中学位于襄河之滨，是一所有着悠久历史的名校。她建于1902年。据说，全椒中学的建校历史在安徽省仅稍稍晚于桐城中学，所以有“一桐城，二全椒”之说。全椒中学校门上的校名是郭沫若先生于20世纪60年代亲笔题写，已有四百多年历史的古城楼“奎光楼”为学校的标志性建筑，曾被作为学校的图书馆使用。十多年前由于教学质量优秀，全椒中学被定为省级示范中学（即过去的省重点中学）。2002年全椒中学举行了盛大的百年校庆活动。

我是1956年进入全椒中学的，那时只有初中部。高中部是1958年建立的，我是全椒中学高中部第二届学生。

1956年全椒中学初中一年级共招了四个班，总数大约260名学生。我所在的初一（1）班有64名同学，班主任是王家典老师。其他三个初一班的班主任分别是刘孝深老师、陈德权老师和程亲民老师。我的初中阶段全椒中学校长先后是邓传贤（老革命、时任县委委员、行政17级）、缪坚（兼职、时任全椒县委书记处书记）。我们班的任课老师先后有：王家典（语文）、冯启科（语文）、石介侯（代数）、蒲常贤（代数）、程亲民（几何）、冯德礼（化学）、黄家恕（历史）、刘孝琛（地理）、郑国亮（生物）、陈长文（政治）、高仁惠（政治）、钱如珍（音乐、美术）、陈全（体育）等。我的高中阶段全椒中学没有校长，只有两位副校长韦传新、顾先达，前者主持工作。高中阶段曾教过我的老师有：狄邦杰（语文）、陈兴化（语文）、许思俊（代数）、黄永英（三角几何）、马鼎昌（代数）、李冬昕（代数）、凌配义（物理）、宗文（物理）、姚贻地（物理）、顾桂珍（化学）、刘鹤云（化学）、李敬仁（俄语）、沈拙（历史）、陈长文（政治）等。

我在全椒中学就读的六年（1956—1962 年）是我们的国家和我的人生极不寻常的一段时期。这六年里我们的国家经历了“反右派”斗争、“大跃进”、“大炼钢铁”、人民公社化和三年困难时期等许多在今天看来不可思议的事情。对我个人而言，这六年经受了生活的艰难和磨炼，经历了失去父母的痛苦。也是在这六年里经过艰苦奋斗我完成了学业，考取了大学，开始了命运的转折。

现将中学阶段印象深刻的几件事回忆如下。

勤工俭学：从初中起，根据上级的精神，学校开展了勤工俭学活动。我们班同学从事勤工俭学的项目有：纳鞋底、织毛衣、搞运输、捣喜鹊窝、打芦蒿、钓泥鳅等。当时纳一双鞋底可挣三角钱。虽然从鞋厂拿回来待加工的鞋底已预先用机器打好了针眼孔，但纳一双鞋底还是要耗费很多时间。织毛衣是女同学的任务。我曾参加过用板车往滁县送中药材、往南屏山上小高炉群一带送稻壳（全椒人称其为“砻糠”，做燃料使用）的勤工俭学活动，从城内拉一板车稻壳到南屏山上往返约 10 里路程，运费仅 5 角钱。组织小分队到农村捣喜鹊窝主要是为了卖柴禾，一个大喜鹊窝有近 20 斤重的干柴禾。因为喜鹊是吉祥鸟，为了防止农村人阻挠捣鸟窝，有时我们还打着“除四害捣鹊窝”的旗子到农民家的院子里捣毁树上的喜鹊窝。我们每个小组一个夜晚要捣毁许多喜鹊窝，收集几百斤柴禾，当年的无知，今天想起来追悔莫及！我们初中班的同学也曾分成几个小组钓泥鳅卖。钓泥鳅的工具很简单，自己制作。在一根长度约五六十公分的细竹竿中部捆绑上一根长度约三四十公分长的线绳，线绳的另一端拴牢一个约一公分长、两头已削尖的竹签，再将截成小段的蚯蚓穿在竹签外将竹签包裹住，如此即完成了钓泥鳅的准备工作。傍晚时将带有钓泥鳅饵料（蚯蚓）的竹竿插入水田中，第二天早晨去起钓，每次下五六十根钓竿，幸运时可收获二三十条泥鳅。打芦蒿的地点在离县城20多里远的荒草圩。芦蒿是一种野生植物，它的嫩茎呈绿色或红色，一股清香味。芦蒿炒香干或炒肉丝被家乡人视为美味菜肴。记得，有一次我们班多位赴荒草圩打芦蒿的同学当晚就住在秦德文同学家，因他家所在的村庄就在荒草圩边上。采摘回的芦蒿并不能立即烹饪食用，必须先用稻草覆盖住，并不断洒水保持稻草的一定湿度，直至芦蒿在合适的温度和湿度下长出几公分长的可食用嫩茎，这一过程大约需要几天时间。以上这些勤工俭学项目都是学校组织的集体劳动创收项目，收入全部归学校所有。在中学阶段为了维持学业和生活，我自己也从事过一些勤工俭学活动，如砍草、摸水螺、砸钢珠、踩印刷机、搓石灰球、做小买卖等。这些活很辛苦，也很累。比如，砍草要起早步行到20多里路远的荒草圩，用镰刀砍下的青草水分多，需就地晾晒以减轻重量，然后再捆好用扁担挑回县城，回到家中已是傍晚时分。那时正是三年困难时期，忍着饥饿、挑着重担行走20多里路的艰难可想而知。在印刷厂当临时工踩印刷机的活也很不轻松。开始我们班还有另一位同学丁邦友与我一起被试用，两天后我一人被留用。当时的老式印刷机靠一只脚上下不停地踩动操作，很费劲。一天工作8小时可获8角钱的报酬，干一天，算一天。我的记忆中，最痛苦的活是搓石灰球。当时土法烧制水泥的原料是用生石灰配制的，入炉烧制前需人工用手将原料搓成如乒乓球大小一般的料球。这活虽不耗费体力，但对手的伤害非常大。尽管戴着布手套，但两三天干下来手掌全被烧破了，疼痛钻心。即使如此，一天也只能挣几角钱。

除“四害”：1958年2月14日，《人民日报》发表社论号召，通过群众运动的方式开展以除“四害”为中心的爱国卫生运动，以便消灭各种疾病和它们的根源，增进人民的健康。当时，在全国范围掀起了轰轰烈烈的除“四害”运动。那时的“四害”指的是苍蝇、蚊子、老鼠和麻雀。麻雀被定为“四害”之一并非是它传染疾病，它的罪名是吃粮食。在我们国家，既然是运动，就有任务布置。除“四害”也有任务，确定苍蝇与蚊子的数量不易，但老鼠与麻雀是按单位人数下达任务。老鼠和麻雀分别以上交的尾巴数和腿数计。为了捕捉麻雀，当时采用了各种办法，用鸟枪或弹弓打，夜晚在屋檐下掏麻雀窝，在稻草堆上用张口袋办法捕捉。还有些地方做法更离奇，白天所有的房屋顶上站着人，手拿脸盆或其他能敲击发出声响的物件惊吓麻雀，让麻雀没有落脚歇息之地，在不停地飞行中疲劳而死。当年，我们白天到厕所挖苍蝇蛹，晚上经常跟着老师到乡下捉麻雀，忙得不亦乐乎。

大战荒草圩：荒草圩距县城20多里远，是一片有几万亩面积的圩区。这片圩区因地势低且靠近河岸，夏季常被洪水淹没，所以一直无人耕种，长期荒芜。圩区内长满了荒草，沟渠中鱼很多。新中国成立后政府对荒草圩进行了开垦，最初在圩区内建了劳改农场，后来改为军垦农场，由南京军区经营。在部队接管荒草圩农场前，即1960年，全椒中学在荒草圩也曾分配到一片荒地，开荒后种上了胡萝卜。1960年冬，我曾参加了学校组织到荒草圩收获胡萝卜的劳动。在荒草圩我们住的是临时搭建的草棚，在草棚外垒了个大土灶用来做饭。面积不大的草棚里睡了几十个同学，半夜起来小解后再想睡回原位置得使劲挤两侧的同学才能躺下。露天做饭，特别是做早饭非常不易。冬天野外刮着刺骨的西北风，天寒地冻，做饭的炊事员和帮厨的同学在这样的天气下挨冻不说，在大风中烧火并把稀饭做熟十分艰难。我还记得早餐吃的是胡萝卜稀饭，早饭后大家到地里挖胡萝卜，然后装筐往回挑运。我用一副三角筐装了二三十斤胡萝卜与大家一道往学校挑运。因早晨吃的是稀饭，干的又是挑运的体力活，走不出几里路，肚子感觉饿了，于是同学们不约而同地开始用自己挑运的胡萝卜充饥。那粘着泥土的胡萝卜只在衣服上蹭一蹭便入口了，饥饿之下哪还顾得上卫生！我估计这一路上每位同学的筐内都被吃掉了几斤胡萝卜。回到学校我们这群“挑夫”还享受了学校为犒劳大家而准备的浮萍稀饭，不限量。说到上面提到的浮萍，还有一个小故事。浮萍是在水面生长的一种植物，当地百姓用做猪饲料，“三年困难时期”被百姓当作代食品食用。1960 年的一天学校组织大家收听一位副县长的报告。这位副县长在报告中说道：“浮萍的营养价值比大米高，大米 1 公斤只能产生 1 200 大卡热量，而浮萍 1 公斤可产生 1 800 大卡热量……”副县长这句话刚说完，同学中便有人低声骂道：“他妈的，胡说八道！你家为什么不吃浮萍？”

抢种抢收：据全椒县志记载，1959 年冬至 1960 年春全县范围“非正常”死亡（实际是饿死！）四万多人，死者绝大多数是农村人口，且以男性为多。大规模的死亡造成了农村劳动力的缺乏，为解决劳力不足的问题，当年夏收我们中学生被派下乡帮助抢收。我与学校一批同学被安排到十字公社参加收割小麦。当地参加收割的劳动力主要是妇女。我记得，在田头休息时，还有农村妇女将藏在衣服口袋里炒熟的麦粒掏出让同学分享。当年小麦收成不错，在完成抢收任务后，我们又回到了课堂继续学习。当年，我们中学生还被派到陈浅公社参加抢种。陈浅公社是圩区，我们的任务主要是插秧。尽管当时生活困难，但同学们劳动热情很高，干活很卖力气，大家还展开了插秧比赛，我们班张茂霞同学还创造了一天插秧 2.5 亩的纪录。在陈浅公社劳动期间，我们还参加了公社举行的一次大会。公社书记罗贵鹏在谈到一位姓蒋的大队书记因违纪被停职检查一事时，他说了“党有党纪，国有国法”，当时听了这句话，觉得很新鲜，印象很深。此外，陈浅圩区池塘多、菱角多、鱼多也给我留下很深的印象。在这一年里，我们还曾被派到界首参加过抗旱。这些劳动无疑占用了我们很多学习时间。

“罢课”：我的高中阶段正逢我们国家“三年困难时期”，当时我们中学生每月粮食定量只有 19 斤，荤腥之类副食根本谈不上。高中阶段的学生正是身体发育需要营养的时期，区区 19 斤定粮如何能填饱肚子，更何况学校内部的不正之风又使真正吃到同学们肚子里的定量粮食大打折扣。当时同学们形容稀饭为“洪湖水，浪打浪，一吹九条浪，一吸三条沟。”同学们常常在一起抱怨学校没有让同学们吃够定量。1960 年冬的一个晚上，我们宿舍的同学们又躺在床上开始发牢骚。不知谁说了句：“我们给县委书记陈宏恕写信反映！”此建议立即得到大家的响应，于是大家七嘴八舌议论开了，并由一位同学执笔写了“致全椒县委书记公开信”，打算第二天将公开信送到县委面交县委书记陈宏恕同志，要求上级派人来调查学校克扣同学定量一事。正当同学们在宿舍内谋划时，住在我们宿舍隔壁的一位教师在门外探听到了宿舍内的议论，并立即报告了校方。第二天一早，校方立即采取了措施，将“致全椒县委书记公开信”没收，并向四个高中班每个班派去一位党员教师做学生工作。同学们意识到了校方各个击破的意图，当即提出三点要求：归还公开信；将四个班同学集中到一起；请县委派人听取学生意见。在同学们的强烈要求下，校方只得同意。大约上午9点钟，同学们被集中到一起，教育局派了教研室主任李文彬同志来校听取同学们的意见。我记得，第一个站起来发言的是高一年级的姓方的同学。他很激动地说道："总务主任的儿子是我们大家同学的儿子……"他的这句话刚一出口，立即被李文彬主任打断并劝说道："同学，有意见可以提，但不能这么说话。"方同学反驳道："大家知道，只有老子养活儿子；总务主任的儿子没有县城户口，在学校吃大家同学的口粮，岂不是大家同学的儿子？"这句话引起哄堂大笑。随后同学们你一言我一语提了很多意见，对话一直持续到中午才结束，整个高中部一上午没有上课，但同学们的情绪总算暂时平息下去了。第二天在县城内传出了全椒中学学生"罢课"一说。我不知道这能否算"罢课"，但至少学生们的举动收到了立竿见影的效果，就在所谓"罢课"的第二天中午，学校提供的午餐是米饭和咸小鱼，这在当时可算得上是很大的伙食改善！

父母去世：1957年我母亲因"反右派"运动中被错划为"右派分子"，受到开除公职处分。家庭生活也因母亲没有了收入而陷入困境，更可怕的是父母精神上因政治压力所受到的折磨。父母亲原来身体状况就不太好，再加上"三年困难时期"缺乏最基本的食物和营养保障，父母亲都患了当时普遍流行的浮肿病而卧床不起。1962年6月25日下午母亲在贫病交加中病逝于家中，母亲的去世对卧病在床的父亲打击很大，17天后，即1962年7月12日父亲也离我们而去。家中只留下我们兄妹三人，完全没有了固定收入，教育局只给了400元的抚恤金。我当时 18 岁，大妹妹 15 岁，小妹妹 6 岁。我正在读高三，且正处于参加高考前夕，当时的困境是难以想象的，我甚至曾想过放弃参加高考。

“金榜题名”：在父母于短短 17 天内相继去世后不到 20 天，我随同学们一起到滁县参加了 1962 年的高考。考场设在滁州中学，我当年报考的是理工科，考试科目是语文、政治、外语、数学、物理、化学，6 门课程考了 3 天。高考结束后我并没有像其他同学那样焦急等待高考录取消息。8 月下旬一天，邮递员手拿一个厚厚的信封走进了江家大院。他送来的是国家重点大学——北京农业大学的录取通知书。不知为什么，拿到录取通知书那一刻，我并未显得特别的激动。后来得知，当年全椒中学考取国家重点大学的一共只有三位同学。除我之外，另两位分别是石秀龙同学和刘继武同学，前者考入合肥工业大学，后者被华东师范大学录取。我是新中国成立后由全椒中学直接考到北京高校读书的第一人。感谢父母在天之灵的保佑！在我接到录取通知书几天后，县委甄别平反办公室通知，我母亲被错划右派的问题已平反。一位名叫周存疑的同志还代表教育局给我送来 20 元钱，以奖励我考取国家重点大学，也算是对平反家属的慰问。

进入北京农业大学就读是我人生命运的一大转折。

（本文写于 2009 年 6 月 1 日）

大学时光

中国农业大学农药专业奠基人黄瑞纶教授（摄于 1972 年）

黄瑞纶教授（1903—1975），字子荣，河北任丘县人。著名的农业化学家，我国农药科学的奠基者之一，植物性杀虫药剂化学研究的奠基人，在我国首创农药残留问题的研究。1952 年由他倡导在北京农业大学建立中国第一个农药专业，为国家培养了大批高级农药专业人才。

我于1962年考入国家重点大学——北京农业大学（1995年更名为中国农业大学）。这所学校是1949年9月由清华大学农学院、北京大学农学院、华北大学农学院三院合并组建成立。第一任校长由毛泽东亲自任命民主人士孙晓村出任。新组建的北京农业大学集聚了一大批顶尖的农业科学家。1956年国家第一次为教授评定技术等级时，北京农业大学拥有一级教授10名，二级教授12名，具有如此强大教授阵容的高校当时在国内屈指可数（在北京的高校中北京农业大学一级教授数量仅少于北京大学和清华大学）。正因为如此，1956年北京农业大学与北大、清华等学校一起被确定为全国六所重点大学之一。

我1962年入学时，北京农业大学设有八个系（农学系、植物保护系、园艺系、土壤农业化学系、畜牧系、兽医系、农业经济系和气象物理系），在校学生约3 000人。我就读的土壤农业化学系设有两个专业，土壤农化专业和农用药剂学专业。该系有两名一级教授（土壤学家李连捷院士和农药学家黄瑞纶）、两名二级教授（土壤学家叶和才和农化专家彭克明）和一名三级教授（有机化学家胡秉方）。全系教职员工几十名，学生约400人。

我就读的农药专业1962年招收15名新生（13名男生，2名女生），来自全国8个省市。这15名新生中家庭出身成分不好或家庭成员有所谓政治历史问题的几乎占了半数。因当时三年困难时期尚未过去，阶级斗争被暂时搁置，当年的高考基本上按成绩录取。我和班上其他几位政治条件“先天不足”的同学能趁此狭缝进入大学学习，真乃万幸也！

北京农业大学作为国家重点大学，当时学制为五年。原以为趁着大好年华可以好好学习五年，谁知从 1963 年起随着经济形势稍稍好转，学校的政治气氛变得越来越浓，阶级斗争的弦开始越绷越紧，整个国家又开始折腾了。1965 年我刚刚进入大学四年级不久，当年 11 月上级指示：大学三年级以上学生都要到农村参加社会主义教育运动（简称“社教运动”，又称“四清”运动）。于是我与土壤农业化学系部分师生被分配到河北省保定地区定兴县北田公社参加了近半年的“社教运动”，于 1966 年 5 月结束“四清”工作队工作返回学校。正当我们准备开始重回课堂继续学业时，岂料席卷全国的“文化大革命”又开始了，6 月初学校全面停课闹革命。与全国各地一样，北京农业大学各种造反派组织纷纷成立，在校内和社会上打、砸、抢、抄、抓，批斗“反动学术权威”和“走资派”并游街示众……那些造反派和许多无知的被利用的学生简直无法无天，一时间校园内和社会上充满了恐怖气氛，“文革”期间我校被迫害致死的师生共 20 多名，触目惊心！ 1966 年 9 月份以后全国范围内的“大串连”开始，这一折腾就是一年。直到 1967 年秋，“大串联”才基本上结束，上级要求学校“复课闹革命”。这时已是我们 1962 年入学这一届学生毕业的时间了。由于国家计委等主管学生分配的政府部门已基本瘫痪，1967 届毕业生在校待分配整整等了一年，直到 1968 年 8 月才得以分配离校。至此，我们在学校度过了整整六年时间，而实际上学习的时间只有 3 年多。但比起 1963—1965 年间入学的学弟和学妹们，我们还算幸运一些，1965 年入学的学生从进校到毕业离校的五年时间实际上只学习了不到一年的时间。

我们 1962 年入学的这一届学生大学期间总算还学完了公共基础课和专业基础课，专业课学习也开了个头。这些已学过的课程为我们日后的发展打下了比较坚实的基础，特别是那些任课老师的做人和做学问之道让我们这些学子受益匪浅。

大学期间留给我印象最深的任课老师是：黄瑞纶（农药学）、陈万义（有机化学）、周长海（有机分析化学）、潘兆梅（物理化学与胶体化学）、朱寿珩（定量分析化学）、戴汝良（无机化学）、陈联华（高等数学）、黄金龙（物理学）、狄渊勃（植物病理学）、郑炳宗（昆虫学）、陆子豪（蔬菜学）、罗牧敖（英语）、蔡宸（英语）和付元朔（中共党史）等。

上面提到的黄瑞纶教授是我们农药学科学术带头人。他1928年毕业于金陵大学化学系，1933年获美国康奈尔大学博士学位。他是我国化学农药事业和农药教育事业的奠基人之一，为我国的农药事业发展做出了重大贡献。这样一位知识渊博、德高望重的爱国知识分子在那个极"左"年代未能逃脱政治厄运，1957年被划为"右派分子"，"文革"中受到很大冲击，于1975年病故。我的任课老师每人都有许多可圈可点之处，这些老师的教诲让我终生难忘。

18～24岁我在北京农业大学学习生活了六年时间。作为一名孤儿，在校期间我受到了许多领导、老师和同学的关爱。我对我的母校一直充满了感激之情。毕业离校后的十年我一直在关注学校的命运。"文革"期间我的母校受尽了磨难，几度搬迁，损失惨重。1969年林彪发布"第一号命令"，学校被迫迁出北京，搬至河北涿州农场和武邑县农村。1970年8月又被上级命令迁至陕西延安地区甘泉县清泉镇。在搬迁过程中，学校图书资料、仪器设备损失惨重。更为严重的是，陕北清泉沟是克山病流行区。在清泉沟生活了一年多时间，至1972年下半年，农大1/3的职工患上严重的克山病，生命受到威胁。

在此情况下，经多次向上级反映，于1973年5月获准搬回河北涿州农场。“文革”结束后，于1979年7月学校获准搬回北京原校址办学，恢复北京农业大学校名。“文革”十年，农大教职工颠沛流离，历尽苦难。所幸这支队伍一直未散，“文革”结束，重获新生。我于1978年9月被调回母校工作，从此与母校未再分离。我在母校工作了整整30年。我欣喜地看到，“文革”后经过几十年的奋斗，学校各个方面都有了长足的发展，她现今已列入国家“211”和“985”重点建设的大学的行列。

衷心祝愿我的母校蒸蒸日上！

大学同班同学合影（1965年）

（前排左起：林岩，覃章桂，卢志元，陈恕楠，江树人；后排左起：叶孔敦，张岳军，王积贵，储志伟，李祥清，余沐雨，李增民，陈云林，宋宝森）

大学同班部分同学合影于母校校园（2003 年）

（左起：林岩，江树人，陈恕楠，叶孔敦，余沐雨，陈云林，张岳军，李增民，黑中一，韩德元）

大学同学合影于北京鸟巢（2012 年）

（左起：李学勤，周佩玉，韩德元，唐莉玲，叶孔敦，江树人，张岳军，陈恕楠，李季纯，黑中一，李增民）

（本文写于 2009 年 7 月 27 日）

51 年前我亲历的“大炼钢铁”运动

大炼钢铁的小高炉

（图片来源：http://zhanghui552.blog.163.com）

1958年在全国兴起的“大炼钢铁”运动是“总路线、大跃进、人民公社三面红旗”的产物。1957年11月，毛泽东提出要用15年左右时间在钢铁等主要工业品的产量方面赶上和超过英国。在“以钢为纲，全面跃进”的口号下，1958年8月17日，中共中央在北戴河召开政治局扩大会议，通过《全党全民为生产1070万吨钢而奋斗》的决议，从此掀起轰轰烈烈的全民“大炼钢铁”运动。当时，中央要求各部门、各地方都要把钢、铁生产和建设放在首位，为“钢元帅升帐”让路；各级党委第一书记要亲自挂帅，发动群众大搞土高炉土法炼钢。据统计，当时全国几千万人上阵大搞“小（小高炉）、土（土法炼钢铁）、群（群众运动）”。

我的家乡安徽省全椒县也不例外，县直各单位都在县城南面的南屏山上建了小高炉，形成了高炉群。那时，夜晚的南屏山上人声沸鼎、火光冲天、非常热闹。参加大炼钢铁运动的不仅有机关人员、厂矿工人、学生、街道居民，农村劳动力也被大量抽出，还组织了“远征师”外出找矿。当年我就读的全椒中学师生员工也投入了轰轰烈烈的大炼钢铁运动，在校园内建了一个小高炉。安徽省委书记处书记桂林栖同志还在县、校领导陪同下专程视察了全椒中学的小高炉，师生员工备受鼓舞。除了用小高炉炼铁，当时还用小坩埚炼铁。学校曾专门组织教师和学生连夜步行几十里到一个地名叫“千人会”的地方往回运输制作坩埚的耐火土。耐火土运回后，由老师带着同学在教室里做坩埚，做坩埚的模具是顶部呈半球形的木头圆柱体。将用水和好的耐火泥泥巴包裹在圆柱体外面，顺着木头圆柱体的外形用双手拍打泥巴至厚薄均匀并不留缝隙，然后将呈圆柱形的泥巴壳取下，风干或烧制后即成品坩埚。我记得，我所在的初中三（1）班的同学在狄邦杰老师带领下，还开展了制作坩埚比赛，两人一组。速度最快的是两分钟完成一个坩埚胚的制作。我还参加过学校的小高炉炼铁劳动，因为年龄小不能担任炉前工，安排我们小同学拉风箱。我们两人或三人一组干得挺卖力。因为熬夜，有的同学在拉风箱时拉着拉着就睡着了。

当年“大炼钢铁”用的原料不仅有铁矿石，还有收集来的废铁，甚至还有强行把老百姓家里的铁锅给砸了用来炼钢。这场“大炼钢铁”的运动在全国范围内看起来很热闹，但炼出的铁和钢大多是废料，而浪费的物力、人力和财力更是不计其数。1958 年 12 月 19 日官方宣布，全国提前 12 天完成当年钢产量翻番任务，钢产量为 1 108 万吨，生铁产量为 1 369 万吨。实际上，合格的钢不到 800 万吨，所炼出的 300 多万吨土钢、416 万吨土铁根本不能用。据估计，全国“大炼钢铁”运动造成的损失在 200 亿元以上。全民“大炼钢铁”运动还严重削弱了农业，冲击了轻工业和其他事业，造成国民经济比例失调，严重影响了人民生活。实际上，“大炼钢铁”运动也是造成后来“三年困难时期”的重要原因之一。

得不偿失的“大炼钢铁”运动对我们这些当年亲身参与的中学生来说多了一份人生经历，也多了一份思考。

（本文写于 2009 年 2 月 18 日）

我亲历的“三年困难时期”

1949 年中华人民共和国成立以后的历史中有一段“三年困难时期”，指的是 1960—1962 年这三年。从安徽省地方志丛书《全椒县志》[①]第二章第一节人口统计（71 页）附表中所给的官方统计数字可看出事情的严重性。

表 1　1958—1962 年全椒县人口情况表

年份	总人口	出生数	死亡数	出生率（%）	自然增长率（%）
1958	286 262	8 261	3 030	28.8	18.3
1959	289 125	10 052	3 861	34.7	21.4
1960	229 414	3 754	47 356	16.3	-190.1
1961	231 124	2 496	1 114	10.7	5.9
1962	251 597	15 878	2 891	63.1	51.7

从表 1 的数字可看出，1960 年全椒县人口死亡数近 5 万人，是正常年景死亡人数的近 20 倍。这数字令人发指！

我于 1959—1962 年在全椒中学高中部就读，经历了这一段最困难时期。上高中时我 15 岁，正是身体发育时期。当年我们的粮食定量只有 19 斤 / 月，为了填饱肚子，学生们课后只得按学校要求去“小秋收”。所谓的“小秋收”即是到已收获过的白菜地里刨菜根，到野外打柳树叶，到白薯地里捡薯叶……这些东西捡回来后，经过加工变成代食品，用于充饥。由于缺乏身体发育所需的营养，我 18 岁高中毕业时的身高只有 1.48 米，体重仅 39 公斤。

我们城里人虽然困难，但每月毕竟还有近 20 斤定量粮食

① 安徽省全椒县地方志编纂委员会主编，全椒县志，黄山书社，1988。

供应。农村里的情况则糟得多，据说每人每天只有 2 ～ 3 两粮食定量。那时农村实行的是“大跃进”兴起的公共食堂制度。农民每日吃的糊糊与水差不多。三级所有，队为基础的管理体制，加上严格的户籍制度和粮食定量配给制度将几亿农民困在家门口的土地上坐以待毙。当时，也有少数勇敢的“外流”者冒着被抓回关押的危险逃离了自己的家园，跑到江西、福建林区去伐木。据说这些林区工人每月有四十多斤的粮食定量，总算是找到了一条活路。那些留在家中的老实巴交的农民只能挨饿或等死。据说，当时村子里饿死的人甚至到了无人掩埋的程度，村干部只得用掩埋一具尸体奖励几两粮食的办法来解决。当时农村是千真万确的一派“万户萧瑟鬼唱歌”的悲惨景象。由于极端缺乏营养，人们普遍浮肿，街上常可见到步履艰难，突然间倒地口吐白沫者。给倒地者一口米汤则可抢救回一条生命。这就是全椒县为何一个冬天死亡了近 5 万人的原因。对于这些死者，官方使用了“非正常死亡”一词。

对于如此困难的局面，当时官方的解释是：困难是由于“三分天灾，七分人祸”造成的。三分天灾的理由显然不符事实，那三年属正常年景。七分人祸官方解释是苏联赫鲁晓夫修正主义从中国撤出专家，逼中国偿还债务。当时中央领导层对“七分人祸”的解释有分歧。刘少奇认为：“七分人祸”是我们自己政策失误造成的，即“大跃进”、“大炼钢铁”和浮夸风是困难局面的真正原因所在。这可能是“文革”期间刘少奇被迫害致死的重要原因之一。

（本文写于 2009 年 3 月 12 日）

“反动学生”

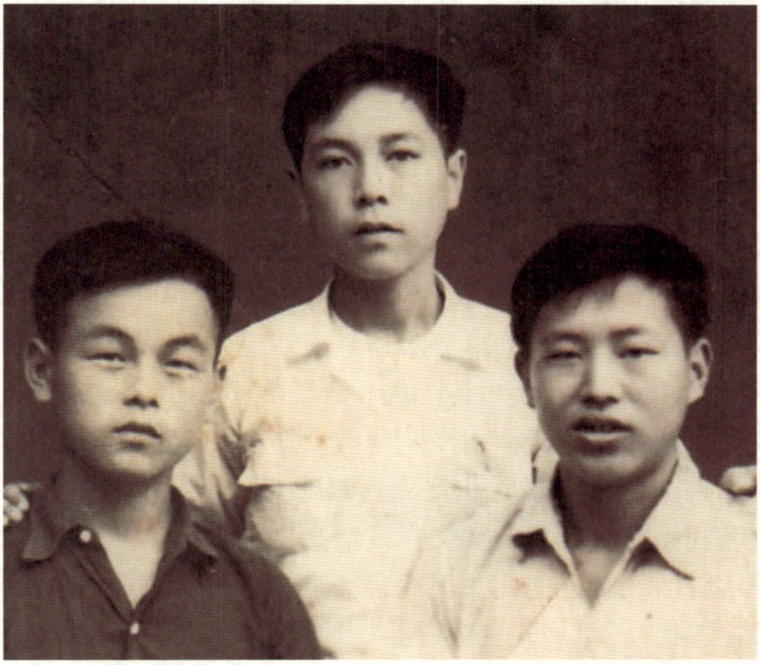

与中学同学秦德文（左），何朝阳（右）合影（1962年）

1959年10月我刚升入全椒中学高中部不久，一个星期日上午高中部学生被召集到学校开会。那一天到会的除了学校领导外，还有县教育局宋卓人局长，县公安局沈光明股长等。我万万没有想到的是，会议是批判和宣布处理秦德文同学。秦德文与我初中同学三年，我们曾同坐一张课桌，冬天两人合铺御寒，初中阶段秦德文一直是班上最优秀的学生。怎么一个刚刚步入高中学习阶段不久，年仅十几岁的中学生突然间成了“反动学生”，且“罪行”是全面攻击社会主义？我既感突然，又难以理解。从批判会上我得知，原来是一封信引起的。德文家住全椒县农村，他目睹了当时全椒县农村严重缺粮的困难局面。出于年轻人的正义感，也是出于对党中央的信任，他一个不谙世事的中学生给中共中央写了一封信，反映农村缺粮和有些地方干部像新中国成立前的保、甲长一样欺压农民等问题。这封信是用学生练习本纸写了三页，以匿名方式从全椒县邮局寄出。估计这封信未出全椒就被扣押并转交县公安局立案。公安部门很快破案，秦德文被定性为“反动学生”。在批判会上，学校领导授意的几位学生干部的批判发言至今我仍印象清晰，其中一位用拳头捶着桌子“义正言辞”地说道：“秦德文，你瞎了眼了，这么大好的形势难道你没看见吗……”批判会上宣布了对秦德文的处分决定，由于他年龄不够18岁，免去了牢狱之苦，被开除学籍，回乡监督劳动。批判会后，学校派人将秦德文押送回家。当时正值农村最艰难的时期，德文回乡后，农村已开始大量死人，德文在政治高压下参加生产队分配的一些苦活脏活，饿得把枕头里的砻糠都炒吃了，浑身浮肿，走路都得拄着拐杖，只差没被饿死。

一年后，政治形势有了变化。地方政府认为对秦德文的处理过重，德文被恢复学籍，重新回到全椒中学的课堂。虽然身心受到很大摧残，并耽误一年时间，但与那些因冤案无辜死去的或饿死的人相比，德文还算是幸运者。

1963 年德文完成高中学业，他报考大学时由校长邓传贤和班主任陈长文做决定，填报了北京大学政治系（1964 年改名国际政治系）。由于考试成绩优秀，被北大录取，成了新中国成立后由全椒中学第一个考入北京大学的学生。德文曾因政治问题惨遭厄运，毕业后他走上了从政之道，历任安徽省国营龙亢集农场场长、安徽省农垦总公司副总经理、安徽阜阳地区专员、中共阜阳地委书记、安徽省委统战部部长、安徽省政协常务副主席，直至 2008 年退休。

德文的德和才在他工作过的所有单位都留下了非常好的口碑。

（本文写于 2009 年 3 月 16 日）

老师厄运

与老校长邓传贤先生合影（2010 年 2 月 28 日）

（前排左起：秦德文，邓校长，江树人；后排左起：孙桂英，汪继莹，金帮清，蔡木森）

我读中学的1956—1962年，在我国那是一段政治运动频繁、非常残酷的年代。特别是对知识分子而言，不知什么时候厄运就会降临。记得初中阶段的一天，代数老师石介侯和音乐老师钱如珍正在课堂上为学生上课，他们被从教室叫出后，当即被公安部门宣布逮捕，罪名是“历史问题”。还说石介侯的名字倒过来读就是“候介石”，即等候蒋介石的意思。两位老师在获刑数年后都获平反，钱老师返回凤阳县老家工作，他多才多艺，性格开朗，有家眷和孩子，听说在凤阳县文化馆工作直至退休。石老师是湖南人、苗族，性格比较内向，他出狱后在全椒乡下学校教书。20世纪70年代我曾在全椒县县城至武岗镇的公路上见到过他，当时他背着个小书包缓慢地往县城方向走去，面部表情很木讷。

我1956年进入全椒中学读书时，校长是邓传贤，年龄27岁。他虽年轻，但却是位老革命（据说他15岁就参加革命工作了）。当时他行政17级，是县委委员。邓校长虽非职业教育家，但他十分尊重老师，怜惜人才。就是这样一位老革命在那个极“左”的年代也难逃政治厄运，邓校长1957年被划为“右派分子”。邓校长被打成“右派分子”的罪名有两条：一是包庇“右派分子”陈道新老师。1957年在党号召的“大鸣大放”运动中，陈老师对校教育工会选举由上级单位指定候选人做法提出异议，被上纲为对党的选举制度不满。邓校长替陈老师辩护，说陈老师并非对选举制度不满，而仅是对指定候选人的做法有意见。这一实事求是的辩护成了一大罪状，邓校长的第二大罪状是在招生工作中阶级路线不清。1957年全椒中学（当时只有初中部）从陈浅乡招收了六名初中生，其中只有两名学生家庭出身贫下中农，另四名学生家庭出身分别是富农和小土地出租。这一比例违背了贫下中农学生比例应达到 2/3 以上的内部规定。这两大罪状使邓校长被定为“右派分子”，校长职务被免，并被下放到县造纸厂劳动改造四年多时间。

1962 年李大钊儿子李葆华接替曾希圣出任安徽省省委第一书记，在全省开展了对在“反五风”和“反右派运动”扩大化中受迫害者进行平反的工作。邓传贤获平反后官复原职，再次出任全椒中学校长。当他得知秦德文同学因写信向党中央反映农村的严重形势而遭处分的情况后，十分同情秦德文的遭遇，欣赏秦德文的才华。在秦德文参加高考前，指示学校团组织发展秦德文入团，并破例将秦德文的学生档案中被打成“反动学生”的一段历史删除。这就保证了秦德文在高考录取政审这一环节不会出现问题。在当时的政治环境下，邓校长做出上述决定是需要勇气的。秦德文没有辜负邓校长的期望，当年以优异成绩考入北京大学政治系。

几十年来，不仅秦德文一直对邓校长心存感激。我们这些当年的学子也很敬重他。

（本文写于 2009 年 3 月 19 日）

44年前我亲历的“四清”运动

1966年在河北定兴县章村与“四清”工作队部分队员合影

（前排左起：江树人，张莲臻，杨文章，陈云林，周佩玉，滕永庆，张振环；

后排左起：李登举，宋宝森，张步忠，张经国，曹本钧，徐胜利，王振元）

“四清”运动是指1963年至1966年，中共中央在全国城乡开展的社会主义教育运动。1963年2月，中共中央召开工作会议决定在农村开展以“四清”为主要内容的社会主义教育运动。5月，毛泽东在杭州召集有部分中央政治局委员和大区书记参加的小型会议，制定出了《关于目前农村工作中若干问题的决定（草案）》（“前十条”）。5月20日，中央把它作为指导社会主义教育运动的纲领性文件在党内传达。“前十条”对农村形势作了“左”的估计，认为中国社会已经出现了严重的尖锐的阶级斗争情况，资本主义势力和封建势力正在对党猖狂进攻，要求重新组织革命的阶级队伍，把反革命气焰压下去。文件传达毛泽东的话说，如果不抓阶级斗争，少则几年、十几年，多则几十年，就不可避免地要出现全国性的反革命复辟，马列主义的党就一定会变成修正主义的党，变成法西斯党，整个中国就要改变颜色了。9月，中共中央在北京召开工作会议，又讨论制定了《关于农村社会主义教育运动中一些具体政策的规定（草案）》（俗称“后十条”）。“后十条”贯彻“前十条”的指导思想，强调“以阶级斗争为纲”。11月14日，中共中央发出《关于印发和宣传农村社会主义教育运动问题的两个文件的通知》，规定将两个“十条”印发全国农村每个支部，并在党内外宣读。此后，各地在试点的基础上，在部分县、社开始进行社会主义教育运动。“四清”运动的内容，一开始在农村中是“清工分，清账目，清仓库和清财物”，后来演变为“清思想，清政治，清组织和清经济”。“四清”运动由于把多种性质的问题简单归结为阶级斗争或者是阶级斗争在党内的反映，致使不少基层干部遭到错误的处理和打击。“四清”运动实际上为“文革”的发动做了准备。

在上述背景下，当时中央要求在校大学生必须参加农村“四清”运动。1965年11月我随北京农业大学部分师生来到河北省定兴县参加“四清”运动。当时，我是大学三年级的学生。在定兴县城经过短暂的集训后，我被分配到北田公社章村大队。整个北田公社的“四清”工作队是一个分团，团长由河北省曲阳县法院院长担任。北京农业大学在该分团的所有人员由我们土壤农业化学系总支副书记兼副系主任赵镶同志负责。和我一起分配到章村工作队的有我们系的钱传范、曹本钧、张文吉三位老师及我的同班同学陈云林、周佩玉、宋宝森。

我们章村“四清”工作队共有二十多名队员，分别来自河北曲阳县、定兴县、北京农业大学、北京总参测绘学院和河北农业大学。来自曲阳和定兴的工作队队员由县里的国家干部和从农村抽调的社员干部组成，来自三所高校的工作队队员大部分是高年级学生。工作队指导员是曲阳县农机局局长荀翠中，他是位抗日战争时期参加工作的老革命。年龄虽不到四十，但地方工作经验非常丰富，能力强，也很有个性。队长张连臻是河北农业大学后勤的一位科长。章村“四清”工作队下设四个工作组，每组负责两个生产队。我所在的小组共五名成员，组长张步忠是总参测绘学院大学三年级学生，组员李宝玲来自定兴县兽医站，她毕业于河北张家口农专；李庆禄是定兴县西靳大队会计；其余两位是我和我的同班同学宋宝森。后来张步忠调到其他小组任组长，他的小组长工作由李登举（河北农业大学畜牧兽医系三年级学生）接任。当时工作队成员无论年龄大小、职位高低一律在姓的前面加上“老”字互相称呼。村里的社员为了区分我们工作组的三位李姓工作队队员，分别喊三位为：大辫李（李宝玲梳着两条辫子），疙瘩李（李登举脸上长满了青春痘）和西靳李（李庆禄家住本县西靳村）。

“四清”工作队进村后，第一步是扎根串连。即依靠不担任干部的贫下中农，揭发大队和生产队干部“四不清”问题。工作队根据所掌握的情况将干部分成四类，一类是好干部，二类属于“四不清”问题较轻的，三类是问题比较严重，四类是问题严重的。我的印象中，章村大队的干部除去担任大队团支部书记和民兵排长的石敏同志被认为是问题较轻划作二类干部外，其他人皆被划作三类或四类干部。这些被工作队看作问题严重的干部被集中起来交代问题，用当时的“四清”运动术语称作为“上楼”。问题交代清楚后可解脱者称其为“下楼”。这些被隔离交代问题的干部包括大队书记杨录亭、大队长赵连浩等。杨、赵二位皆是抗战时期入党的老党员，杨录亭资格更老一些，大约是 1938 年的党员。这些当时工作队进村后最初被认定问题严重的章村大队干部实际上都是些好干部。“四清”运动开始阶段群众揭发他们的多吃、多占的“四不清”问题后经查证核实大都是些既上不了纲、也上不了线的小问题，有些甚至是莫须有的。现在看来，工作队进村初期对待干部的做法有些极“左”，且毫无法制观念。比如，集中交代问题就是剥夺了这些干部的人身自由。这在当时是很普遍的做法，有些地方还搞了逼、供、信，甚至有逼出人命的现象发生。我们章村“四清”工作队指导员荀翠中同志是位地方工作经验丰富的老干部，水平较高。所以我们工作队在政策把握上总起来说还是比较稳的。

在这些所谓的“四不清”干部被集中交代问题的阶段，他们的家属则被称作为“四不清干部家属”。这些“四不清”干部的妻子白天上工或家务，晚上要集中学习。我进村后开始阶段，就曾负责过第七、第八两个生产队的“四不清干部家属”工作，组织她们学习并要求她们配合工作队做好家中“四不清干部”的工作。第一次组织她们开会时我曾闹过一次笑话。开会地点在生产队一个简陋土房里，屋里既没有桌子也没有凳子，只有一个铺着破旧炕席的土炕。会议开始前，我让到会的女家属们“上炕”的话音刚落，引来一片笑声。我当时很不解，后来得知“上炕”在当地是妇女生孩子的专用语。

按照统一部署，“四清”运动的后期开展了“对敌斗争”和“组织建设”。“对敌斗争阶段”的斗争对象主要是地、富、反、坏、右分子。斗争方法是组织社员开会批斗村里的上述专政对象。章村大队一位姓张，绰号叫“傻骡子”30多岁的残疾人，虽然平日在生产队埋头干活、少言寡语，但因家庭成分为地主被多次批斗。在后期组织建设阶段，工作队进村初期发动群众所依靠的那些积极分子极少有人被群众推举到生产小队或大队领导班子中，因为他们大多不是本分的农民。由“四清”工作队主导重新组建的生产小队和大队领导班子成员基本上还是原班人马。

“四清”期间，上级要求“四清”工作队队员与贫下中农“三同”，即同吃、同住、同劳动。我的房东名叫阎福，家庭成分下中农，人很憨厚，有4个孩子。老大与老二是儿子，名叫大邦子和二邦子。大邦子赶大车，二邦子在生产队干活。我与二邦子睡在同一个土炕上。当时定兴县农村十分贫穷，卫生条件很差。进村不久我就在内衣里发现了虱子，这在当时是很普遍现象。在村里，我们“四清”工作队队员被安排吃派饭，初期只在不担任干部的贫下中农家用餐，每吃一天交一斤多粮票和三角钱餐费。用餐不许搞特殊化，当年吃的主食是玉米面饽饽、白薯，副食主要是大白菜、咸菜和白薯粉条，菜里若有点豆腐就算是改善生活了。至于同劳动，因当时正值冬闲季节没什么农活可干，我印象中好像只干过给麦田浇水的活，即两个人合作用拴着绳子的铁桶从水渠里掏水浇灌麦田。今天回忆起来，当年工作队的生活条件是很艰苦的。夜晚连电灯都没有，只有昏暗的油灯照明。记得1966年的春节工作队放假几天，我们返回北京农业大学，到达学校时天已黑了。学校为了犒劳大家，特地在学生二餐厅为我们准备了可口的晚餐。一进餐厅门，第一感觉是餐厅的灯光特别的明亮，墙壁特别的白。其实餐厅的灯光和墙壁都没有变，只是因为与农村相比光线反差太大的缘故。当晚学校为我们准备的肉丝面晚餐更是让我们解馋。

在参加“四清”工作队期间，我也曾跟着李庆录同志一起到白洋淀一带搞过外调，骑着自行车穿梭在白洋淀里很有意思，白洋淀里鱼多，淀里连片的芦苇及老百姓为防止水淹而建造的古罗马式的民宅让我感觉很新鲜。

在“四清”期间，我还经历过这样一件事。1966年3月初我感到肛门部位不适，且肿痛越来越重。一天上午，我们工作组组长张步忠用自行车将我送到几里路外的杨村医院就诊。很巧，当时河北省人民医院有一个医疗小分队正好在杨村一带巡回医疗。那天为我接诊的是省医疗队的外科大夫熊永芬，她1958年毕业于四川医学院。经她诊断，我患的是肛门脓肿。她当即将我带进手术室，做了切开引流。张步忠就陪伴在侧，引流后，熊大夫用探针探查了脓肿部位的伤口深度，据张步忠说，起码有6公分深。熊大夫说若不及时治疗，很有可能形成肛门瘘管。我为碰上省医疗队而暗自庆幸。术后我就留住在杨村镇上，与医疗队的内科主任陆大夫、药剂师吴钟培大夫等住在一起。经过熊大夫等的治疗，伤口愈合得很快。在我还没有离开杨村医院时，3 月 8 日发生了邢台地震。熊大夫被临时调往灾区救援去了，临行前，她还特地向杨村医院的换药室护士刘金兰就我的治疗做了交代。在熊大夫和杨村医院其他医护人员的精心治疗下，我很快就痊愈返回章村。几十年来，我对熊大夫等医护人员一直心存感激。

我们在章村“四清”工作队工作了半年时间，于 1966 年 5 月份返回北京。在离村前“四清”工作队给每位工作队队员做了鉴定，还在队员中进行党、团组织发展工作。北京农业大学的人员是个例外，工作队只向校方提出建议，不正式发展。我与陈云林的各方面表现得到“四清”工作队的充分肯定，工作队的党团组织建议北京农业大学党、团组织接纳云林入党，发展我入团。我记得“四清”工作队团支部书记张步忠同志把我的鉴定材料写得非常好。回到学校不久，我顺利加入团组织。云林也在赵镶同志的关怀下，由我们系的钱传范和卓尚椿两位党员老师介绍入党成为中共预备党员。多年来，云林对这三位政治上关怀并帮助过自己的老师一直念念不忘。几十年来，我与张步忠同志也一直保持着联系。

（本文写于 2009 年 2 月 9 日）

在 4568 部队接受“再教育”的日子

摄于原 4568 部队山岭子农场旧址（1999 年）

“文化大革命”结束后，伤痕文学、知青文学曾延续了很多年。但至今我尚未见到过（也许我孤陋寡闻）有关大学生在军垦农场接受“再教育”的作品。从1968年下半年至1970年上半年，在大约两年的时间里，全国1967和1968两届大学毕业生中有相当大一部分人被送到解放军农场接受“再教育”。当时做出此项决定的起因及实施两年后为何突然中止，官方一直未做过解释。我认为这是在那个特殊年代的一段特殊历史，希望有人能给予关注和研究。作为这一段历史的亲历者。现将我在部队农场接受“再教育”期间的一些轶事记述如下。

1967年我大学毕业，当时正值“文革”开始不久。国家机关几近瘫痪，很多正常的工作已无人过问，大学生毕业分配工作一事也被搁置。在拖延了一年后，我被分配到山西省。在离校前我接到通知，让我直接到天津军粮城山岭子4568部队农场报到，接受部队“再教育”。这是当时全国各地很多大学毕业生都曾有过的经历。4568部队是北京军区直属防化团的番号。该部队团部在北京长城脚下的西拨子，有部分官兵在山岭子农场种水稻。据说，该部队有的战士从入伍到退伍一直在此种地，所以他们戏称自己不是防化兵，而是“装甲兵”（“庄稼兵”谐音）。到4568部队接受“再教育”的大学生被单独编为防化团第十一连。该连的大学生分别来自山西大学、北京农业大学和南京农业大学，共100多名。连队的连、排长、司务长、上士及炊事班全部由军人担任，班长由部队领导指定学生出任。大学连战士不穿军装，但按部队管理。据说当时北京军区有200多个大学连。分布在北京军区所辖的河北省、山西省及内蒙古自治区境内。我在4568部队农场接受“再教育”的一年零四个月是一段难忘的人生经历。

第二个报到者：我于1968年9月14日乘火车来到天津东郊军粮城，4568部队山岭子农场离火车站有十几里路程，我因带着行李不便，在火车站给农场打了个电话。不久李参谋带着一辆吉普车来接我。到农场后得知我是全连第二个报到的战士。到达后在连部与指导员刘志怀、连长武振安、副指导员李增坤、副连长李竞、司务长米立端及我的排长刘得水见了面。当时在农场主持工作的刘副团长也来看望了我，初来乍到受到的热情接待使我颇感亲切。

第一次请假：报到后的第二天是星期日，觉得有点寂寞，于是打算借休息日到天津市去转转。出于礼貌考虑，出发前给排长打了个招呼。出乎我意料的是，排长说周末请假外出需请示连部，这时我才意识到部队组织纪律的严格。大约20分钟后排长从连部回来告知已准假，要求我周日下午6点前必须返回农场并到连部销假。随之让我拿出毛主席语录本，带着我共同朗读了“加强纪律性，革命无不胜”等有关语录。还关照我一路上要宣传毛泽东思想……

第一次受表扬：请准假后，从农场徒步一个多小时走到军粮城火车站，又花三角钱乘火车来到天津。一路上我告诫自己，一定掌握好时间在下午6点前返回农场。下午4点我乘火车返回到军粮城，原设想再花一个多小时走路，可提前半个小左右回到农场。谁知认路、记路历来是我的一大弱项，这次偏偏在归途中走错了路，等我向路人问清楚再一看手表，下午6点钟前走回去的时间已不够了。当时急了我一身汗，心想若第一次请假就失信多不好，何况是在部队啊！于是决定改走路为小跑，幸好我在大学期间每日坚持跑4 000米，练就了跑步的本领。一阵小跑终于在下午 5：50 喘着气跑回连部销了假。不几天在全连第一次全体大会上连长专门对我的跑步归队行为给予了表扬。实际上我很清楚，连队是借这件事提醒这批“文革”中自由散漫惯了的大学生们，从今开始要结束无政府主义状态，要遵守部队纪律！

春天的水冻肉不冻骨：知识分子到部队接受“再教育”很重要的一条是要学会能吃大苦，耐大劳。挖渠、背稻子可算得上是苦活累活。特别是冬天挖渠，天寒地冻。一镐下去，镐与坚硬的冻土常碰出火花，震得手臂发麻，手掌磨出血泡更是常事。开春挖渠，渠水中还有未完全化冻的冰碴子。这时拿着铁锹光着脚下到渠水中，其感觉是彻骨的寒，若非亲身体验很难想象那针扎般的滋味。逢此时刻，往往第一个挽起裤腿跳入水中的是我们一排长刘得水同志。为了解除大家的畏惧心理，他告诉我们：“春天的水冻肉不冻骨头，秋天的水虽不冻肉，但冻骨头。别害怕，一咬牙下来就没事了。”30 年多后当我再次见到当年的老排长，问起此说法的根据时，他笑了笑：“哈！那是为了打消你们顾虑，其实没有根据。”

传达最高指示不过夜：我们在农场接受“再教育”期间，正是疯狂的“文革”时期。每当晚上八点新闻联播播出毛泽东的最新指示后，全场官兵马上到操场集合庆祝毛主席最高最新指示的发表。由部队领导发表讲话，强调最高最新指示发表的重要意义及如何贯彻落实。紧接着是各单位代表表决心，齐呼口号。在场部折腾一个多小时，然后浩浩荡荡的队伍摸黑步行到大约两里外的山岭子村，这时已是夜晚 10 点钟左右了，村子里已黑灯瞎火，劳累了一天的村民早已入睡。我们的游行队伍从场部到村里一路上不停地振臂高呼“热烈庆祝毛主席的最高最新指示的发表!”“战无不胜的毛泽东思想万岁!”“无产阶级文化大革命万岁!”“打倒叛徒、内奸、工贼刘少奇!”等口号。我不知道当时熟睡中的村民被口号声吵醒后是何反应。

毛泽东思想宣传队：“文革”期间全国各地到处都成立了毛泽东思想宣传队，实际上是文艺演出队。演出节目的形式可以是唱歌、跳舞或其他，但内容无一例外是歌颂毛泽东、毛泽东思想、“无产阶级文化大革命”和阶级斗争。我们大学连也组织了这样的宣传队。我因大学时代是校民乐队成员，也被选进了连队宣传队。宣传队直接受副指导员李增坤同志领导，毕业于北京农大兽医系动物生理生化专业的常云波任队长，其成员除我外还有北京农大毕业的刘小立、陈文娟，南京农大的唐芸珍以及山西大学的李才旺、高平安、赵国才、王兴福、杨林芳等十来个人。宣传队队员因排练节目和外出表演，与连队其他人下地干活相比少受了不少劳累之苦。这也许可算作有一技之长的优越性吧！我们作为业余宣传队，当时演出的节目质量还算可以。歌剧白毛女片段，李才旺的山东快书等节目很受欢迎。我还清楚地记得由李才旺填词的一首山西小调的唱词：“八月里来秋高气爽，大学生来到了山岭子农场，接受解放军再教育，实现思想革命化……”我们这支宣传队还有幸被邀到北京西拨子部队团部参加了汇演，演出之余，团部还安排我们游览了银装素裹的长城。游览中李才旺还经历了从长城一段坡度很陡的高处止不住脚步下滑的惊心动魄的场面。所幸有惊无险，毫发未伤。几十年后，李才旺成了山西名人（省政府办公室主任），应了中国一句古话，“大难不死，必有后福”。

学会擀饺子皮：部队的周末只吃两顿饭，早晨炊事班按每个人 9 两面粉，和好面团，备好饺馅，由各班领回宿舍，自己动手包饺子，然后再拿到厨房去煮。9两面的饺子一顿吃不完，剩下的留待下午四、五点钟时作第二顿饭。我原先并未包过饺子。一年多农场周末的包饺子实践让我学会了以较快的速度单手擀出中间厚、边缘薄饺皮的手艺。包饺子在北方地区是一项非常实用的家庭厨技。对我来说，这也可算作接受“再教育”的一大收获吧。

偷学外语：在到达部队农场后，部队领导要求每个战士身边除毛泽东选集与语录本以外其他业务书籍一律存入库房。大学连每日的日程就是出操，学习毛著和相关政治文章、大批判、劳动、军事训练……军事训练内容包括射击瞄准、投弹、队列、紧急集合、拉练、挖猫耳朵洞及散兵坑。大批判的内容主要是批判刘少奇的修正主义路线和知识分子的资产阶级世界观。诸如：批判刘少奇在《论共产党员修养》中宣扬的“吃小亏占大便宜”的思想，资产阶级知识分子头脑深处的“读书做官论”、“劳动镀金论”……写这一类的大批判稿件对于这些经历过“文革”疯狂的大学生来说并不作难，下笔千言，一挥而就。更何况我们连队大部分战士是学文科的呢！批判会主要以班为单位进行，有些有心人稿件用后压到炕席下，隔一段时间需用时再翻出来“老调重弹”，无须重费笔墨。每日早晨的天天读照例是坐在炕上学毛著。我也不例外，但我学的是英文版毛选和语录。为了遮人耳目，我用了中文封面，选择墙角落座，以中文封面示外。此法一直沿用至“再教育”结束离开农场。我自以为这一秘密无人知晓。30多年后当我与当年的老班长高守忠同志见面闲聊时，他笑着揭穿了我这一自视高明的伎俩。我非常感谢他当年作为一班之长对我这一行为的容忍。在那样的极“左”年代能做到对这一不合时宜的事“视而不见”也是很难得的！

侯、王二同志文章引起的恐慌：在部队农场接受“再教育”期间，大学连基本上按战士连队管理，训练与种水稻都比较辛苦，生活条件也十分简陋（住土坯房，六个人睡一条土炕）。但让大家唯一感到安慰的是，国家仍按大学毕业生工资标准 46 元 / 月发放，这在低工资的时代已算不错的待遇了。在那个知识分子被称作臭老九的年代，无论你多有才华，谁也不敢对未来有过高的奢望。大家只期盼着早日结束部队农场接受“再教育”的生活，重新分配后过着平淡的吃皇粮的日子。按当时的常规，山西大学毕业生会有相当一部分人分配到中学当教师。正当大家忍受艰苦，期盼平淡未来的时候，大约在 1969 年下半年的某一天，《人民日报》发表了山东省两位小学教师的来信，建议把公办学校由国家办学下放到大队办学，教师不再拿工资，与社员一样拿工分。虽然这只是两位小学老师的建议信，但在人民日报公开发表则意味着此举受到当局的肯定。如若变成政策则意味着我们中许多人十六七年的寒窗苦换来的将是与农村社员一样挣工分的日子。侯、王二位的建议，这一极“左”年代的产物在连队确实引起了一定程度的恐慌。幸运的是，侯，王二位的建议最终未变为现实。

摸鱼找蛋：在部队农场的日子有苦也有乐。山岭子地区有很多水沟和大片的芦苇荡。水沟中有鱼，连队曾组织大家在沟渠中浑水摸鱼，收获颇丰。山西人不爱吃鱼，也不太会吃鱼，便宜了连队里为数不多的南方人。在夏天的中午，我与班里的战友曾利用午休时间数次穿着短裤下到芦苇荡里，蹚着水冒着脚被扎破的危险，穿行在芦苇丛中寻觅鸟蛋。茅草做的手掌般大的鸟窝一般筑在齐腰高芦苇秆间，每个鸟窝中多时可捡七八个蛋，鹌鹑蛋一般大小。有的窝中也可能一无所获。一中午最多时可收获几十只鸟蛋。上岸后用带去的搪瓷盆就地煮熟可享受一番。

露天看电影："文革"时期的文化生活极其贫乏，场部偶尔也为大家放场电影。尽管是老片子，也不失为一种调剂。电影都是在露天放映，春、夏、秋天的夜晚看场电影可算得上是精神享受，但在北方寒冬腊月的夜晚看露天电影那滋味可是够难受的！随着电影的开演，随着周身上下对寒气抵御能力的减弱，观众中开始有人离去，有去小解的，也有黑色身影向着宿舍方向慢慢移动的。据战友们闲聊时描述：溜回宿舍的第一个人，自知理亏不敢开灯，静悄悄地躺在炕上，也许心中还有几分忐忑不安，担心万一排长回来检查发现该如何解释。不一会儿，当看见第二个黑影溜进屋时，先回来者心中则暗暗窃喜，原来意志薄弱者并非我一人也！此时还会狐假虎威地低声问道："谁让你也偷跑回来的？"黑暗中两位"志同道合"者相视一笑后便一起躺着窃窃私语聊开了。忽然间当听到又有脚步声靠近时，两人立即警觉起来。当判断此非排长脚步，而是第三位逃跑者即将进屋避寒时。这两位立即兴奋起来并商定出制裁办法。于是两人立即分立在黑洞洞的宿舍门内两侧，当第三个来者刚一进屋就被按倒在炕上，紧接着左一拳，右一拳落在来者的屁股上。边打边低声教训道："我让你溜号！""我让你不遵守纪律！……"被打者想喊不敢喊，打人者想笑也不敢大声笑。穷开心也！

"动物园"与"二炮"：我经常在想，生活中每个人都会有喜与忧。社会中的不同群体在不同的环境下会有着不同的享受生活和娱乐方式。世人只知道叫花子的穷困潦倒，却不知他们也有自己的快乐，他们不怕偷，不怕抢，不用考虑明天。他们聚在一起时也有嬉戏与欢笑。由此联想到一群散漫惯了的大学生突然间过起了战士生活，受着严格的纪律约束，不能看业务书，每日就是出操、军训、劳动……可以想象他们是多么不习惯，而又无奈！在这样枯燥的生活环境中，他们也在用通常人们难以想象的方式自娱自乐。大学连一排四班被大家称作“动物园”，是因为班里每个人都有一个用动物名字命名的绰号。比如，班里最年长者被称作“老狐狸”，一位常穿黑白条相间圆领衫的外号叫“斑马”……闲下无事时，大家用绰号相互取乐消磨时光。一排二班的雅号“二炮”，其由来说来更是可笑。每晚熄灯休息后，班里十多个人分睡在一个不大房间的两个土炕上，以放屁取乐。“二炮”司令并非班长，而是全班公认的放屁最响者。一天下午，我正在宿舍与一位从外地来的客人聊天，当时我俩坐在炕上，背对着靠炕的窗户。这时“二炮”司令突然间从室外用屁股对着我们三班的宿舍“开炮”，“呼”的一声屁响把客人吓了一跳，弄得客人一头雾水，不知怎么回事。当我向客人说明这位“二炮”司令的由来和特长时，客人顿时笑得前俯后仰。今天你听了关于“二炮”的这段趣闻可能会想，大学毕业生怎么会如此庸俗？但是如果你是从那个特殊年代过来的人，或是有类似经历的人就会觉得不足为怪了。

婚礼与“盘问”：在我们连队，接受“再教育”的大学生来部队前已婚者为数不少，特别是来自山西大学的战士有很多家在农村，在大学期间或甚至在读大学前已经成家，有些还有了孩子。在农场接受“再教育”的很长一段时间里，他们只能狠斗“私”字一闪念，将思恋深埋心底，因为当时一切与家人团聚的想法都有悖于一心一意接受“再教育”的宗旨。连队曾有一位战友接到电报告知其夫人临产，家中有些困难需作丈夫的回去解决，但请假未能获准。这件事曾引起很多人对连队领导的不满。但今天细想起来，连队可能是没有权力批假的。当时，一顶“臭老九”的帽子套在中国知识分子的头上，虽未划入地、富、反、坏、右、叛徒、特务和走资派八种专政对象行列，但社会上有人已将知识分子视作为第九类人打入另册。在那个极“左”的年代，尽管知识分子心里不服，但他们绝大部分人还是识时务的。他们知道自己的社会地位，知道要学会夹住尾巴做人，也知道知识分子到部队农场接受“再教育”是毛主席他老人家的伟大战略部署。所以只有服从部队管理，安心接受“再教育”才是明智之举。

在部队接受“再教育”的后期，上面对学生连的管理有所松动。按现在的时髦用语就是增加了一些人性化管理措施。如允许战士家属来队探亲，节日期间允许同在一个连队接受“再教育”的夫妇一起住一两个夜晚，还允许来队结婚。连队中这项新政的实施受到这批特殊战士的热烈欢迎。家属们蜂拥而至，因土坯客房数量有限，连队不得不限定每批来队家属人数和停留时间（半个月）。我们连队中有一对每日朝相见、晚相望、但却不得团聚的夫妇也终于盼来了牛郎织女的“七七”相会。连队的气氛也因新政的实施和家属的到来活跃了很多，也给这批满肚子学问和“坏水”的大学生战士们，提供了很多创造乐趣的机会。

一天晚上，山西大学来的一位同胞在连队举行婚礼，土坯房作新房，墙上伟大领袖、伟大导师、伟大舵手挂像的两侧贴着一副红对联，没有鼓乐、也没有鞭炮声，没有彩礼、也没有婚宴……但婚礼的气氛却被那位精明的主持人营造得十分热烈。主持人宣布婚礼开始，一对新人手持小小的红宝书肃立在伟大领袖像前，其他人站立于后。先向老人家三鞠躬，然后主持人转向两位新人一本正经地说道（大意是）：亲爱的战友，今天是你们大喜的日子，我代表全体战友向你们表示祝福……婚礼仪式结束后你们将在此度过新婚之夜，此时此刻你们不应忘记突出政治，更不应忘记用战无不胜的毛泽东思想指导你们的行动。现在请两位新人面对面站立，跟我高声颂读伟大领袖的谆谆教导。主持人随之提高嗓门喊道，伟大领袖毛主席教导我们："我们需要热烈而镇定的情绪、紧张而有秩序的工作。"两位新人未加思索虔诚地跟读后，瞬间的寂静突然被新房内人们会意后发出的此起彼伏的笑声打破，婚礼的气氛一下被推向高潮。

这期间还有一起恶作剧，在另一位战友的策划下也成功实施。恶作剧的对象是当天刚刚到达连队的一位山西籍家属。晚饭后，来队探亲的女家属的丈夫被调虎离山骗走，一位战友偷偷戴上排长的军帽，在几位战友的簇拥下来到了这位家属所住的房间。此时，窗外已会聚了很多看热闹者，由于是夜晚在室内的人看不见室外，但从窗外可看清室内的一切。这位"排长"一进屋，陪同者首先开口：

"老乡，我们排长看你来了。"

"谢谢排长！"女家属礼貌地起身说道。

"欢迎您来到我们连队，一路上辛苦了！""排长"客气地寒暄。

"按照部队规定，凡来队家属都要进行登记。现在排长问您几个问题，请如实回答。谢谢！"一位陪同者向女家属交代。

"好！"女家属回答。

随之“盘问”开始了。

“排长”问了女家属的姓名、籍贯、年龄、家庭出身 、本人政治面貌、文化程度 和职业等问题。

女家属很配合地一一做了回答。

“排长”接下来的提问让这位有着小学文化程度，从事农村供销社营业员工作，多少也见过一些世面的农村妇女觉得有点不可思议了。

“您们的婚姻是包办婚姻，还是自由恋爱婚姻？”“排长”接着问道。

女家属沉默不语。见此情况为防止冷场，陪同“盘问”者立即帮腔道：“老乡，不久前，我边防军在珍宝岛与苏修军队发生了边界冲突，现在部队战备形势比较严峻。对所有来队家属问得都比较详细，请不必见怪。”

“自由恋爱！”稍稍犹豫后，女家属极不情愿地低声回答。

屋内的“盘问”在继续进行，窗外在黑夜掩护下里一层外一层的看热闹的“观众”一个个踮着脚尖，伸着脑袋，侧着耳朵，屏住呼吸，既不甘心放过室内发生的每一个细节，又唯恐发出声响搅了局。他们能猜得出后面的提问会更精彩。

“好，还有一个问题。请告诉我您这次来部队的目的。”“排长”一本正经地明知故问。

霎时间，女家属脸红了，低头不语。

沉默了一会儿，看到对方毫无回答的迹象，排长只得考虑收场。

“好吧，不愿回答就算了。”说完后，这位“排长”又心有不甘地想出了一个新的恶作剧，“老乡，不打搅您了，请按规定交纳五分钱登记费。”

当女家属从口袋中掏出五分钱后，窗外的“观众”再也按捺不住，轰的一声全笑开了。

“排长”等一看现形，立即拔腿而逃。

期盼：进入 1969 年下半年，我们在农场已度过了大半年的时间。虽然家属可来队探亲，但山岭子终非久留之地。这段时间战友们凑在一起议论最多的当属各种再分配的小道消息，与周边地区的其他大学连的战士碰到一起也总要打听一番。有一天不知从何处传来“七八九，起步走！”的顺口溜。这六个字传递的信息让大家兴奋不已，暗自互相奔走相告 。但 7 月份过去了，未见动静。8 月份又过去了，还是没有动静。这时全部希望都寄托在 9 月份了！在日复一日的期盼中，已进入 10 月了，仍然没有消息。大家有些失望了。有人变得麻木，有人变得烦躁，连队干部与战士间的摩擦也时有发生。最初配备的连队干部已陆续调离，据说他们都是从全团各个部门抽调来的优秀干部。带这些大学生兵远比带战士兵难度大多了。北京军区曾做过调查统计：全区内的大学连战士在部队接受“再教育”一年体重平均增加了 10 斤，而连队干部平均减重 10 斤。在大学连工作一段时间后将他们调离，也是部队组织上对这些连队干部的关怀。由于接替的连队干部对学生兵缺乏了解，加上当时极“左”思潮的影响及一些其他原因。这些后来的连队干部在我脑海中没留下什么印象。他们的名字我一个也未记住。我只记得 1970 年新年除夕的夜晚，那位后调来的副连长在全连大会上的讲话不太得体，台下不知哪位突然间咳嗽了几声，紧接着此起彼伏的咳嗽声不断。见状副连长皱起眉头，厉声说道：“哪来那么多感冒的？”这句话招来了更多的反感，老百姓历来懂得法不罚众的道理。副连长话声刚落，咳嗽声更大了！此时，副连长满脸愤怒地说道："人没脸，树没皮，鬼见了都害怕……"这就是除夕夜副连长送给战士的"祝福"！

1970 年 1 月，大家期盼的文件终于下达了！我们将结束在部队农场接受"再教育"的生活。在离开农场前，我们还面临一次再分配，分配权力掌握在连队领导手中。虽然连队领导也让大家填报志愿，但服从组织分配不容置疑。有人表示希望能专业对口，而连队领导则强调：主要是思想对口！在此背景下，我被分配到山西晋东南地区革命委员会报到，具体单位将由当地革委会再定。

离开连队那天，部队只派车将我们的行李运至军粮城，我们大家是徒步走到火车站的。离去时没有出现军民恋恋不舍的动人的场面！至此，山岭子一年零四个月的接受"再教育"的生活终于画上了句号！

4568 部队大学连宣传队游览长城（1969 年 2 月 22 日）

（左起：李才旺，常云波，张连捷，张昌联，刘振宇，李维华，李殿良，赵国才，王好芹（上士），陈文娟，刘小立，张吉宁，米粒端（司务长），江树人，高平安，郭宝柱）

重返当年的4568部队（北京军区防化团）合影

（2009年10月18日）

（前排左二：原大学连指导员刘志怀；左三：团政委吕小平；左四：江树人；

左五：原大学连一排长刘得水）

（本文写于2009年1月12日）

大学毕业后的第一次工作调动

1970年1月，我在4568部队接受“再教育”结束，部队通知我到山西长治地区革委会报到。拿了报到证，我先回老家安徽省全椒县休假。由于我的夫人安徽中医学院毕业后分配在与全椒县邻县的含山县工作，加之山西与安徽生活习惯上的差异，所以我很想调回家乡工作。调动一事得到表叔路克斌和他的老同事——全椒县革委会文卫组主管教育的龚金龙同志热情帮忙。龚金龙同志让我写了个要求调回全椒工作的申请报告，他在我的申请报告上签了“同意接收，请晋东南地区革委会研究”的意见，并加盖了全椒县革委会政工组的公章。实际上，我的这份申请调动报告成了一个变相的“商调函”。带着它，我于这年的2月份来到山西长治市报到。

“文革”期间，长治地区派性斗争很激烈，机关工作不能正常开展。当时全国各地分配来长治报到的大学毕业生有几百人之多。很多人住在地区革委会招待所等待再分配。地区革委会临时抽调了三位同志，在招待所组成了一个临时分配办公室。据说，这三位同志应付这批大学生颇有些力不从心。我报到的当时即提出要求调回老家工作的请求，让接待我的工作人员有些意外。他问道：

“你怎么刚报到就要求调动？你的家乡同意接收你吗？”

“同意。”我回答道。并随即递上了盖有全椒县革委会政工组公章和接收意见的申请报告。

接待我的同志看后说道：“好，先放这儿，我们研究研究。”

简短的交谈后，我离开了分配办公室，到街上租了辆自行车，开始在长治市内穿街走巷，领略长治风光。晚上大约8点钟，我返回招待所。同房间的人告诉我，分配办公室的同志已来找我几次了。带着几分歉意我匆匆走进分配办公室，那位上午接待我的同志对我说道：“嘿，自己要求调动的不急，反倒是我们急着找了你几次了。现在通知你，我们同意你调动，现在就可办理调离手续。”我万万没有想到事情办得如此顺利。

办完调离手续的第二天，我就离开长治返回全椒。连同往返路途，一共用去四天时间，完成了我大学毕业后的第一次工作调动。

（本文写于 2009 年 1 月 19 日）

任中学教员的四个月

1970年2月份，我从山西长治办完调离手续回到全椒，到全椒县革委会政工组报到后，等待分配工作。当时，大学毕业生分配的原则是面向农村，面向厂矿，面向基层，面向边疆。遵循这一原则，我被安排到离县城几十里远的丰产公社（即原小集公社）丰产中学任教。

该中学实际上是在原小学基础上增设的初中部，仅有两个初中班共几十位学生。初中部建在小集镇南头一里路外，紧靠公路边的一个场院上。校舍不仅远离小集镇，也远离周边的村落，孤零零只有几间房屋，两大间做教室，另两小间分别作为教师办公室和我的卧室。

丰产学校的校长丁本立是本地人，是位老教师。中学部除我外，还有刘明春、姚安民、高国宏、范得河等几位教师。姚安民老师是安徽大学数学系毕业的老大学生，高国宏毕业于皖南大学生物系，刘明春滁州师范毕业，范老师是民办教师。丁校长安排我教工业基础和英语两门课，我欣然接受。

当时初中部因学生不多，教师比较清闲。课余时间聊天、打牌。隔一段时间，学校把旧报纸卖了凑点钱还可以一起喝顿酒。中、小学老师中无法自己开伙做饭的，大家一起吃大灶。由小学部江纯祖老师夫人陈大姐为大家做饭，饭费由大家均摊。

我是3月份到任的，在丰产学校任教四个多月后的8月7日下午4点多钟，有人通知我去公社接县政工组组织组电话（当时学校没有电话）。电话中得知我的工作变动，组织上决定将我调离丰产学校，到县城筹建合成氨厂。并要求我当晚必须赶回县城，第二天上午8点钟在汽车站与化肥厂筹建领导小组组长董泽久、副组长曹怀仁等同志会合，出差合肥安徽省省化工主管部门接受建厂任务。接完电话从公社出来，路过小集镇开往县城的长途汽车末班车已过，我只得徒步从小集经白酒、斩龙岗，花了三个小时赶回县城。

从此，我告别了小集镇，告别了丰产学校的同事，也结束了我大学毕业后第一个任职单位四个月的教师生涯。

（本文写于 2009 年 1 月 19 日）

全椒化肥厂八年

在安徽全椒化肥厂（1973 年）

按照全椒县革委会政工组组织组的安排，1970年8月7日我结束了四个月的中学教员生涯。第二天（8月8日）上午8点钟在全椒汽车站与全椒化肥厂两位筹建负责人董泽久、曹怀仁以及董玉成同志一起会合，前往合肥安徽省省化工主管部门联系筹建有关事宜。董泽久同志，山东人，解放战争期间参加革命的南下干部，原任安徽省直机关团委副书记，行政17级，"文革"期间随省里一大批干部下放到全椒，落户在西王公社，此次被抽调上来担任全椒化肥厂筹建领导小组组长。筹建领导小组副组长曹怀仁，全椒西王人，土改时期参加工作，原任全椒县委党校副校长，行政20级。董玉成是位七级钳工老师傅，原在县轧花厂工作。

我们一行到达合肥后，省生产指挥部何凤处长接待了我们，交代了建厂任务，并安排我们到安徽六安化肥厂参观访问。六安化肥厂是1958年建厂的老厂，负责对口支援全椒化肥厂建厂。在该厂我们参观了各个车间，了解了筹备工作的有关事项，结识了主管生产的曾副厂长和工艺技术员陶泽山同志。出差回到全椒后，筹建组临时办公地点设在县招待所，我负责工艺技术工作。为了加强筹建工作，县革委会还从县直各部门抽调了一批干部来厂工作，原县粮食局副局长徐佐忠同志负责采购工作，原县检察院副检察长田家宝同志负责基建工作。此外，还从省里下放干部与县直有关部门抽调了马华、宁友安、唐光祚、姚本仁、胡守凡、何涛、曹振惠、王文林、戴得锦、李锦坤、井自和、杨钦武等同志到筹建组工作。筹建初期我是厂里唯一的一位技术员。实际上，我对合成氨厂的工艺技术既没有实际经验，也缺乏足够的理论知识。只能在工作中边干边学。

筹建工作的第一步是征地，厂区选在南屏山1958年“大炼钢铁”时的小高炉群旧址。征地费用很低，一亩地仅108元。生活区选在厂区与襄河之间的解放军某部队卫生队的旧址。当年的口号是“先生产，后生活”。即先建厂房，后建宿舍。因该部队卫生队的房屋数量有限，在厂区内建了一些简易工棚作临时住宅。厂址选定后，在六安化肥厂技术员陶泽山同志帮助下，开始进行厂区平面图设计规划。全椒化肥厂建厂采用的是上海化工设计院的3 000吨/年、150大气压合成氨厂的全套设计图纸，这套图纸包括设计任务书、平面图、基建图、工艺流程图、设备图、安装图等。以这套图纸为基础，我们因地制宜地做了些修改。在筹建过程中，我需要学习的远不止工艺方面的知识，土建、机械设备、电、供排水、仪表等方面的知识也必须边干边学。在筹建工作开始后，为了加强技术力量，厂里陆续调进了一批技术人员和大学毕业生。他们中有工艺技术员夏克渊（20世纪50年代毕业于四川化工学院）、负责仪表技术的范建成（南京工学院自控专业1966届毕业）、袁瑞华（合肥工业大学建筑系1966届毕业）、钱民佑（南京大学物理系1969届毕业），余品均（安徽大学化学系1965届毕业）。还从县柴油机厂一次调来5名合肥工业大学的毕业生徐士杰、孙荣光、章春林、张瑞龙和陈银云分别担任车工、钳工、焊工、铸工。后来又陆续调进了一批大学毕业生，如陈泽千、陆维康等。至1978年，厂里大学毕业生总数近20人。但是，这批大学生中除夏克渊同志外，其他人都没有在合成氨厂工作的经历。好在当时大家的热情很高，上进心和责任感很强，边干、边学、边提高。1970年9月厂里从全县下放知青中招收了第一批学员。其中有十多位是上海籍知青。这批学员大部分被安排到金工、焊工、钳工、电工、仪表工、管道工等岗位，并由唐光祚同志带队到六安化肥厂进行培训。第二批招收的学员基本上作为操作工被安排到江苏泰县化肥厂接受培训，由部队出身，曾任过襄河粮站站长的曹振惠同志带队。这两批学员由于年轻并具有初中或高中文化程度，加之他们自己的努力，后来都成了厂里的生产骨干力量。筹建初期，我也分别在六安和泰县两个化肥厂做过短暂学习停留。筹建阶段，以董泽九和曹怀仁为首的厂领导班子在工作中以身作则，带领大家艰苦奋斗创业，全厂上下人气很旺。加之以王郁昭同志为首的县革委会领导的高度重视，虽然困难不少，但建厂工作进行得很顺利。

整个建厂工作，包括土建工程、设备采购和安装一共用了四年时间，耗资大约近 400 万元，一个在当年现代化的年产 3 000 吨合成氨厂终于建成了，并于 1974 年 4 月正式开车运行。从造气车间点火制造出合格的惰性气体和合格的半水煤气开始，继之两个催化剂顺利升温成功，其他各工段的指标也很快合格，历经五天时间，开车一次成功。以无烟煤或焦炭做原料，经过造气、脱硫、变换、碳化、压缩、冷冻、精炼、合成等工艺过程，终于从碳化车间的离心机中分离出了白色的碳酸氢铵化肥。四年的奋斗终于有了结果，那一刻我与大家喜悦的心情难以言表。

化肥厂投产不仅标志着一个现代化化工企业在这一古老县城的诞生，也为全椒农业的发展做出了重要贡献。当年县里提出农业超纲要目标的实现，化肥是重要保障措施之一。从 1974 年全椒化肥厂建成投产到我 1978 年 9 月调离这段时间，化肥一直供不应求。

从1970年8月起。我作为进厂最早的技术员和后来的厂生产技术股负责人经历了四年的筹建全过程。这四年我学到了很多学校没有学过和书本里学不到的知识。我亲自参与了规划设计、厂房建设、动力设备和静止设备的选购及设备基础浇注、大型设备的拆装就位、管道的铺设、分段和整体密封性试验、设备试运转……通过干中学，我熟悉了整个生产流程、所有化工设备的结构，我闭上双眼能描绘出厂内地上与地下如蜘蛛网般的各类管道的走向和它们的规格。如果让我再筹建一个类似的化肥厂，我定能轻车熟路地驾驭。

从1974年正式投产至1978年的四年中，通过在生产过程中的实践，我掌握了全部工艺过程的主要指标控制技术及各车间的分析技术以及有些工段的操作技术。

化肥厂的八年实践还锻炼了我的组织指挥能力。比如，每年停产大修计划的制订及大修期间的具体部署和指挥，以及日常的技术管理和事故处理都是由我负责。我在这些工作中受到锻炼和提高。这些经历和能力的锻炼对我后来调回母校从事教学、科研和行政管理工作非常有帮助。

我在化肥厂的八年经历了三届厂领导班子，无论是董、曹为首的第一届领导，还是接任的胡祖强书记和胡秀夫厂长，以及后来的胡秀夫书记、李大洪厂长，他们对我一直是充分信任并放手使用。这在那个极“左”的年代也是很难得的！

八年的时间，我与那些朝夕相处的同事和工人同志们也结下了深厚的友谊。我们曾一起赴兄弟化肥厂学习，我们曾一起安装设备、铺设管道，我们曾一起目睹一个现代化化肥厂的在南屏山上拔地而起，我们曾一起分享过一次开车成功的喜悦，我们曾一起研究解决生产中碰到的一个个难题，我们也曾一起喝酒、打牌、互相嬉闹……

八年的化肥厂生涯是我大学毕业后的第二个工作岗位，也是对我后来的人生道路有着重要影响的阶段。我常常会回忆起八年间的许多往事，回忆起那一张张熟悉的面孔和那片曾留下我许多辛勤汗水的土地和厂房。

全椒化肥厂的碳化工段

全椒化肥厂老同事重聚（2010 年）

（左起：宁友安，江树人，董泽久，李世道）

建厂初期的金花们几十年后再相聚（2013 年）

（左起：金明，张明芬，林国珍，杨晓萍，张朝英，席端霞）

与原全椒化肥厂同事崇建新夫妇合影（1979 年）

（本文写于 2009 年 1 月 19 日）

盖房

自盖的住房（1980 年）

“文化大革命”期间，原北京农业大学的教职员工曾饱受颠沛流离之苦。当时担任中央文革领导小组顾问的康生曾传达最高指示：“农业大学办在城里不是见鬼吗！”于是，1970 年学校先由北京搬迁到离涿州县城大约 20 里远的北京农业大学附属农场，不久这个农场被解放军某部看中并占用，学校只得按上级指示再次搬迁到远离北京的陕西省甘泉县，甘泉县地处陕北，学校被安排到该县一个山沟里。据说，这个山沟新中国成立初期曾是羁押劳改犯的场所，后因克山病流行，不得不将犯人转移出去。北京农业大学的教职工做梦也不会想到，出发赴陕北前某领导在动员报告中描述的那个鸟语花香之处竟然是一个难以生存之地。农大教职员工到达沟里后主要两项任务，挖窑洞和上山打柴。在这山沟里生活了一年多时间后，1/3 的教职工患上了克山病，这是一种心脏疾病，一旦患上，后果很严重。与其在此等死，不如逃离。于是，为了活命大家胆大包天地聚众逃回了北京。但是昔日的校园已被军队占用，逃回来的教职员工拉家带口只得分别住进简易平房、教室、实验室，甚至厕所。稍大一点的教室，包括阶梯教室内都挤住了几家人，相互间只能以一张芦苇席或纤维板相隔，邻里间说话、甚至连喘气都能听得见。当时能在教室里觅得一席立足之地的家庭还算得上是幸运的。很多家庭只能住进矮小、通风条件极差、冬冷夏热的简易防震棚内。很快防震棚也都全部被占满。

我是 1978 年 9 月调回农大的，因农大校园内无处可住，起初只得将家安在涿州农场，一年后搬至离北京农业大学几里路远的东北旺村，租了三间民房。一段时间后，好心的同事劝告我：必须设法搬进校园内居住，否则将来学校即使盖了房子也轮不上家住在校外的员工。于是我开始留心起校园内的每一个旮旯，但很失望。大凡是能住人的地方都早已被农大的教职员工“捷足先登”了。看来要想搬进校园居住，只能自己盖房了。天哪，自己盖房谈何容易！在何处盖？盖房的原材料哪里来？谁来盖？

虽然困难重重，但已别无选择，于是我开始了盖房的准备工作。首先是选址，经过一番考察，决定将房址选在一号学生宿舍楼南面的原基建大院内。在此处盖房有两个有利条件，一是现有的围墙可以用作房屋的后墙和一侧山墙，省工省料；二是坐落在院内的废弃防震棚（占用农大校园的单位 1976 年地震期间所建）可“提供”建房所需原材料。于是我与家人从“偷”拆废弃防震棚的水泥砖块开始，拆、装、运和卸基本上由我和夫人俩人干。每天要运几十小推车的砖料，一连干了好几天终于将砖料和土备齐。砌墙时教研组的几位同事抄起瓦刀帮忙，上房梁时从涿州农场请了一位真正的瓦工师傅把技术关，其他的活如抹外墙、上房顶（房顶用包装板、泥和油毡）、铺地全是我们自己动手。大约干了整整一个月，大大小小盖了四间房（两大间，两小间共约 40 米^2）。可谓战果辉煌！

盖房不仅让我与家人经受了一次锻炼，解决了家中三代人的住宿问题，在盖房过程中还启发了我的创造性。比如，抹墙的泥按常规需掺入铡碎的稻草以增加其强度，在无法找到铡草刀的情况下，我先将和好的泥涂抹到墙上，再将长稻草贴上去，继之再抹平，效果挺好。事实证明，用这种方法抹过的墙，多年后，泥和草都紧紧地粘在墙上不脱落。

我一家六口人在自己盖的房屋里住了大约两年时间才搬进学校分配的临时住房。我们搬出后，房子被学校借给一位浙江裁缝在此开了家缝纫店。1984 年底我从德国留学回来后发现我家盖的房子还在，店家除了对外开了扇门以外，房子的其他部分完全原封未动。当时我在房前站立良久感慨颇多，想到了我与家人在此曾付出的辛劳和汗水，想到了农大人的辛酸，也想到了那些曾帮助我们家盖房的同事和那位涿州来的瓦工师傅，心中对他们充满了感激之情。

（本文写于 2009 年 5 月 18 日）

在德国歌德学院的经历

于德国 Prien 歌德学院（1982 年 10 月）

1982 年我通过英语考试，当年 10 月初作为访问学者被公派到联邦德国学习。到达德国后，为我提供奖学金的联邦德国国际开发基金会（DSE）安排我到 Prien 歌德学院学习德语四个月。当时德国境内共有 16 家歌德学院分院。去歌德学院前，我想象中它一定拥有一个美丽的校园和各种齐全的设施。但是，报到后展现在我面前的学校与我的想象相去甚远。它没有校园，只有一栋建筑面积仅几百平方米的带地下室的三层教室小楼，地下室用于早餐和集体活动。全校学生 150 人左右，教职工不到 10 人。在离学校几里路外的一个小山坡上有个不大的歌德学院宿舍区，只能收住三四十人，大部分学生租住在居民家中。学校的宿舍分单人间和双人间。住单人间需多交 40 马克房租 / 月。歌德学院没有真正的食堂，但学校规定从周一至周五学生在地下室集体用早餐。早餐是自助形式，供应面包、黄油、果酱、肉肠、牛奶、咖啡和各种果汁饮料等，很丰盛。学校安排集体早餐是为了为学生们提供一个语言交流机会，所以早餐时老师最不愿看到各个国家的同学聚在一起不用德语，而用母语交谈。

我所在的歌德学院设有初级班和中级班，初级班和中级班又各分一、二、三级。学校通过入学摸底考试对学生进行分班，两个月为一个学期。期末考试合格可升一级。我因出国前在北京语言学院学了四个月德语，入学后被编到初级班二级。两个月后，歌德学院安排我跳过初级班三级和中级班一级，直接升入中级班二级。歌德学院的学生年龄参差不齐，职业背景各不相同。在此学习时间长短也不一样，学生的流动性很大，有些人只学两个月就离去了。歌德学院教师的流动性也很大。

歌德学院的教学方式比较特殊。每个班 15～20 个学生，但任课的老师只有一位。课文讲解、听力练习、写作课、批改家庭作业等全部由这位任课老师一包到底。此外，班上课外活动也由这位老师负责组织。歌德学院的老师经常强调：学习语言不能仅靠课堂，参加各种课外活动也是学习。为此，学校经常组织打球、滑冰、参观、郊游、听音乐会、去餐馆用餐等活动。逢有集体活动，学校鼓励大家参加，但不强求。参加这些活动一律自费，在德国很多收费场所对学生都有优惠，很便宜。比如，一个周末学校曾组织我们集体乘车去奥地利的萨尔茨堡欣赏经典音乐会，车费加门票每人只需 20 马克。四个月语言学习期间我多次参加了诸如欣赏经典音乐会和爵士音乐会、滑冰、郊游、参观慕尼黑的奥林匹克体育场馆、博物馆和电视塔等集体活动，受益匪浅。

与我同时在此歌德学院学习的中国同胞共有 7 位。中国同胞都十分勤奋，每天早晨最早到教室的基本上都是中国人。中国人与来自欧美国家的人在语言学习方面相比，中国人的语法与写作水平往往较好。我的德语作文曾多次被老师当作范文在课堂上宣读。但我们的听力不及他们。这可能是语言差异所致。此外，中国同胞比较拘谨，不像外国人那么善于并主动为自己创造语言环境。

1982 年中国尚处在改革开放初期，工资水平普遍很低。在国外学习的中国同胞为了回国时能买回彩电、电冰箱、洗衣机等八大件，生活非常节俭。学校组织的自费活动基本不参加。语言学习期间，歌德学院每周发给每人五张餐券。餐券每张面值 8 马克，可持券到餐馆用餐，也可到超市购物。在餐馆用餐，一张 8 马克的餐券只够吃个炒饭，但在超市购物却可买回大约一周的食品。所以中国同胞很少去餐馆用餐，而是自己做饭。还用节约下来的餐券去超市买点价值一二个马克，甚至几十分尼的小物品，剩余面值可换回现金。由于中国人常用这一办法兑换现金，这一现象很快被超市人员觉察并立即采取了对策，用餐券购物后的剩余面值不再兑付现金，而是给回一张写有剩余钱数的纸条，作为下次继续在此消费的代用券。超市的这一招很绝，否则超市岂不成了为持券不消费者无偿兑换现金的银行了！

经历了十年“文革”，我们第一次走出国门，周围的一切对我们既新鲜，又陌生。有时还很不适应。所以常会发生一些在今天看来十分可笑的事情。比如，歌德学院每个学期末都要举行一次联欢会，师生们聚在地下室里自娱自乐。节目并非事先安排，形式灵活。来自世界上 40 多个国家的 100 多位学生中有些人其实并非能歌善舞者，但他们愿意主动站出来献艺以活跃气氛。逢此场合，中国同胞的表现往往与众不同。四个月学习期间，我参加过两次联欢会。每次我们几位中国人都挤坐在一个角落，没有人愿意主动上场表演，甚至连集体跳迪斯科也不参与。也舍不得花钱买啤酒和其他饮料，成了联欢会上地地道道的旁观者。老师和同学曾不解地问我们：你们在中国不跳舞？我们只好尴尬地回答：我们不会跳舞。还有些事今天看来更是可笑，当时在歌德学院学习德语的有位韩国电视台的记者金先生，因同为亚洲人又是邻国，他对我们中国人很友好，但一开始我们总担心他主动接触我们会不会是别有用心。还有位台湾同胞听说我们看不到中文报纸，便主动把他看过的台湾《中央日报》送到我们宿舍，这事让那位与我同住一室的共产党员同胞犯了难，不便拒绝，想看又害怕！经与我商量后决定，把门从里面锁上，两人在屋里偷着看，唯恐被其他中国同胞知道。报纸看完后装入一个塑料袋中，趁别人不注意时扔到室外垃圾箱中。

歌德学院的四个月是我到达德国后的最初阶段，今天回忆起来，虽然遇到过尴尬，也有过可笑的经历，但它依然是我人生中一段难忘的美好岁月！

与歌德学院同班同学合影（1982 年 12 月）

与歌德学院同班同学合影（1983 年 1 月）

在歌德学院学习的中国男同胞（1982年）

（左起：江树人，肖惠来，刘大有，王士杰，孔庆山）

（本文写于2012年12月25日）

访问柏林墙和东柏林

德国统一前柏林墙东柏林一侧（1983 年 1 月）

1983 年 1 月底结束了在德国 Prien 歌德学院四个月的德语培训后，我与几十位来自世界各个国家的同伴从慕尼黑乘火车赴西柏林德国国际开发基金会（DSE）总部所在地。在柏林停留一周期间，DSE 基金会请有关人员为我们介绍了联邦德国政治、经济、文化等各方面的情况，此外还组织我们参观了柏林墙、访问了东柏林。

柏林墙是苏美冷战时期的产物。柏林市内沿着勃兰登堡门在东、西柏林间构筑起的一道绵延数十公里的水泥墙，成了那个时代社会主义和资本主义的分界线，成了阻止东、西德人民自由往来的屏障，它也成了一个令世人瞩目的旅游景点。凡来到西柏林的游人，柏林墙是必去之地。柏林墙也是了解德国近代史和两种社会制度的最现实的教材。在柏林墙西侧，我看到游人可以自由走动、很多人驻足墙前欣赏墙面上艺术家和儿童的绘画，墙下你丝毫也感觉不到冷战的气氛，仿佛置身于一个艺术画廊。但是，当我登上紧挨柏林墙所建的瞭望塔，举目向柏林墙东面一侧看去，则完全是另一幅景象。一道道铁丝网隔离出了几百米的无人区。在面对柏林墙而建的炮楼上东德军人虎视眈眈、荷枪而立，给人一种仿佛就在战地前沿的感觉。从瞭望塔下来后沿着柏林墙继续前行，我看到墙体上挂着许多纪念死难者的十字架，他们是在企图翻越柏林墙逃往西柏林时死于东柏林边防警察枪口下的东德民众。这些十字架上有的写着受难者的名字，有的是无名受难者。据资料统计，在那些年企图通过柏林墙逃至西柏林的 5 000 多人中，100 多位被打死，200 多位被打伤，3 200 多位被抓获。在西柏林紧挨柏林墙不远处建了一个博物馆，用图片和文字介绍了一些偷渡的情况，偷渡者使用的方法有翻越、挖地道、乘热气球等。资料记载，柏林墙的修建始于 1961 年 8 月 13 日。据说，当日凌晨东柏林临边界一侧街道的灯光突然全部熄灭，两万多名东德士兵在无数辆军车大灯灯光照耀下，仅用了6个小时就在沿着东、西柏林的分界线筑起了40多公里长的屏障。这道屏障后来很快延伸到东、西德的整个边界线，全长160多公里。沿线还修建了300多个观察炮楼和几十个暗堡。对于柏林墙的修筑，美国前总统肯尼迪曾说过一句很著名的话："这是人类历史上第一堵不是用于防范外敌，而是防范自己人民的墙。"

在柏林期间，DSE基金会还组织我们访问了东柏林。当时联邦德国（俗称西德）政府对双方居民过境没有任何限制，但东德政府对本方人员访问西柏林控制很严。条件之一是男性必须满65周岁，女性满60周岁。当时我们从西柏林通过海关进入东柏林作一日游，每个人需向东德政府交纳30联邦德国马克（俗称西德马克）的过境费，另外还必须按东德政府规定用25西德马克换取25东德马克。当时，东德政府规定的东德马克与西德马克比价为1∶1，而当时市场上的兑换比是1个西德马克可兑换10多个东德马克。进入东柏林后，我们乘坐东德官方指定的大巴车，严格按照东德政府规定的路线和景点在城内乘车游览。导游的解说词也是东德官方规定的内容。车上没有欢声笑语，始终笼罩着严肃的气氛。中午在指定的餐馆用餐，午后可在附近的街区逛逛商店。在街上偶尔会遇到低声要求兑换西德马克的东德人，因西德DSE基金会领队已事先向大家关照过有关注意事项，所以无人理睬这些掮爷。

在我参观柏林墙和访问东柏林六年多之后的1989年11月9日柏林墙被推倒，德国实现了国家的统一，柏林墙下的悲剧也不会再重演了。为了让人们记住这段历史，统一后的德国政府在原柏林墙旧址重建了一小段柏林墙以作为永久的纪念。

（本文写于2009年1月14日）

节俭勤奋的中国留学生

自己做饭（1982 年于德国歌德学院宿舍）

改革开放初期中国大陆公派出国的留学人员大多属于清贫的知识分子阶层，在国内的工资也就是每月几十元人民币。每当与外国朋友闲聊谈起中国各类人员工资收入时（德国人一般不会直接问对方每月挣多少钱），德国同事对中国工资水平如此之低难以理解，有时还会惊讶地问我们："工资这么低，您不是在开玩笑吧？"（当时我们国家与联邦德国相比，同类人员的工资水平相差几十倍或更多）每逢此场合为了维护国家尊严，我们都会用中国的物价低、房租低，且我们不用交纳个人所得税和各种保险等理由进行解释。明知此解释有些牵强附会，可民族自尊的驱使只能如此回答，谁让咱国家穷呢？

中华民族历来有节俭过日子的传统，我们这一代人从小就过惯了穷日子。在德国无论是拿中国政府奖学金或联邦德国奖学金的中国留学生，其收入都远远高出国内的工资水平，但他们中绝大多数人仍然保持着十分节俭的生活习惯。中国留学生会选择到最便宜的超市购物，在超市会购买最便宜的品种。买食品往往会选择鸡、鸡蛋、牛奶等，这些食品既有营养又十分便宜。一只冻鸡 3 马克左右，一盒鸡蛋（10 只）1 马克多点，一升牛奶只几十分尼，比吃蔬菜还要便宜，何乐而不为。中国留学生大多自己做饭，比在学校餐厅就餐更经济。中国留学生接待来客也极少去饭店。

在德国私人房租金比学生公寓租金要高，但学校的学生公寓可提供租住的房屋数量有限，大部分学生只得租住在老百姓家中。当年的中国留学生都会想方设法住进学生公寓。中国留学生宿舍里用的电视机、沙发大多是德国人赠送的旧货或是从德国家庭丢弃到垃圾中捡回的淘汰品。

中国留学人员不仅食宿节俭，购物也很有经济头脑。斯图加特市中心的广场，每周六上午有个跳蚤市场。那儿有各种各样的旧货，如旧衣服、旧电器、旧书籍、旧家具等出售，价格便宜且可以讨价还价。这个跳蚤市场是当年中国留学生经常光顾之处，中国留学生常开玩笑说：如果你想找某中国人，周六上午到跳蚤市场就有可能碰到，因为那里是中国留学人员“淘宝”的聚集地。在跳蚤市场常可淘到一些价廉物美的物品，我就曾花 1 马克购得一个质量很好的旧咖啡磨。

当年的中国留学生还会抓住每年的夏季大甩卖和冬季大甩卖时机购买一些便宜物品。大甩卖的第一天一大早，商场门口通常已聚集着许多等待开门后抢购的顾客，以土耳其人居多，他们甚至有全家出动者，德国人曾戏称这一天是“土耳其节”。大甩卖的主要商品是衣服，有时花 10 马克便可买到一件质量很不错的新尼大衣，比通常的价格要便宜很多很多。中国留学生当然也不会放过这个为自己和家人购买便宜衣服的好机会。

为了省钱，当年的中国留学生几乎没有人进理发店理发。在理发店男士理一次发最低价 20 马克，这价格是中国留学生难以接受的。所以中国同胞自备简单的理发工具，大家互相理发。我在德国 Hohenheim 大学期间就曾当过理发员，而我自己则要乘车到斯图加特大学请来自中科院力学所的刘大有同志帮我理发。还有些中国同胞头发长了，拿把剪刀对着镜子自己给自己剪。难怪当年中国同胞中不乏“狗啃头”和“大寨梯田头”，好在外国人头发奇形怪状者大有人在，所以中国同胞的怪状发型也不会引起他人笑话，没准他们会理解为这是中国人个性化的表现呢！

为了攒钱购买八大件（指电视机、照相机、电冰箱、洗衣机、计算机等物品），中国同胞们不仅生活十分节俭，外出旅游度假者也很少，他们把周末和节假日时间基本都用在业务学习上。当年的中国留学生也没人购买私家车，二手自行车是我们的主要交通工具。

这些改革开放初期在德国留学的中国公派留学生们学习和工作通常都非常努力刻苦，这是其他国家留学生无法比的。中国留学人员的勤奋和才智常常赢得德国导师和外国同事们的称赞和尊敬，也算为咱国家争了光。这批早期的公派留学人员大多数没有辜负祖国和人民的托付和期望，学成回国后用他们的赤子之心为祖国和人民做着各自的奉献，他们许多人都成了所在单位的教学、科研和管理领域的骨干。

（本文写于 2009 年 7 月 6 日）

在德国度过的两次圣诞夜

向 Reisch 教授夫人赠送圣诞礼品（1983 年）

我在德国曾经历过1982年和1983年两次圣诞节。第一个圣诞节是在Prien小镇上度过的，那时我刚到德国不久，正在小镇上的歌德学院学习德语。圣诞节前学校通知我，小镇上的一个德国家庭想邀请两位中国学生一起欢度圣诞夜。我欣然接受邀请，与同在歌德学院学习来自华中工学院（即现在的华中理工大学）的季国钧先生一起在圣诞夜被主人接至家中。这是一个德国普通的三口之家，夫妇俩和一个年龄十七八岁、名字叫Stephan的儿子。

当时中国刚开始实行改革开放政策，中国的国门还没有完全打开，在德国人眼中，中国仍然是个充满神秘色彩的国家。我相信这个德国家庭也是带着好奇心邀请我们两位中国客人的。聊天中男主人问了我们在歌德学院学习和生活的情况，对德国的印象，问得最多的还是有关中国的各方面问题，甚至还问了中国的毒品问题，我猜想可能是旧中国很多人抽鸦片给外国人留下的印象所致。由于长期生活在一个封闭的国度，改革开放初期走出国门的中国人与外国人打交道时普遍比较拘谨，我们也不例外。聊天中几乎都是对方提问我们回答。从交谈中我感觉到他们对中国的友好和兴趣。晚宴后当我们与主人全家告别时，女主人还向我们赠送了巧克力和自制点心等圣诞礼物。这是我第一次在一个德国家庭做客，与当时中国普通老百姓家庭的贫困相比，德国普通家庭的富有，德国人的彬彬有礼以及他们对中国的兴趣和好奇心，还有德国家庭的圣诞庆祝方式均给我留下了深刻的印象。

1983年的圣诞夜我是在斯图加特Hohenheim大学校长Reisch教授家度过的。Reisch教授是位经济学家，1979年在加拿大召开的一次国际农业经济学术会议期间，他结识了来自北京农业大学的农业经济学家安希伋教授。从那以后，他努力促成了 Hohenheim 大学与北京农业大学两校间长达近 30 年的合作。1983 年的圣诞夜 Reisch 教授邀请了正在 Hohenheim 大学学习的赵冬缓、张沅和我三位来自北京农业大学的客人到家中做客。Reisch 教授夫妇有五个孩子，其中四个是女儿。我们三位男士的到来受到教授夫人和她的四个女儿的热烈欢迎。主人为了与中国客人一起欢度圣诞夜做了充分的准备，明亮宽敞的大厅里放着一棵装饰着五彩灯光和彩纸的圣诞树，长方形的餐桌上点着蜡烛并摆放着精美的餐具和丰盛的菜肴，主人还刻意安排我们三位与他们的女儿座位相邻，晚宴开始前 Reisch 教授代表全家发表了热情洋溢的祝酒词，其后宾主频频举杯互相祝酒，席间欢声笑语声此起彼伏，热烈融洽的气氛让我们有宾至如归的感觉。

晚宴后我们互赠了圣诞礼品，然后与 Reisch 教授全家人一起去了教堂，参加教堂举行的气氛庄严隆重的庆祝圣诞宗教仪式。

1982 年圣诞夜与 Stephan 家人合影

1983 年圣诞夜与莱施教授家人合影

（本文写于 2009 年 7 月 18 日）

在德国 Hohenheim 大学的时光

1999 年访问 Hohenheim 期间与德国老朋友重聚

（前排左起：丽特，莱施，江树人；后排左起：波黑劳，奥勒格，利比希，米勒夫人，格劳斯曼，荷勒）

1982年10月3日我到达联邦德国后，先到Prien歌德学院学习了近四个月的德语，紧接着又参加了DSE基金会组织的为期一个月的培训和参观访问，1983年2月28日到达斯图加特市Hohenheim大学农学院植物医疗研究所（Institut fuer Phytomedizin），师从Franz Mueller教授。

Hohenheim大学坐落在斯图加特市南郊，始建于1818年，距今已有近200年的历史了。该校的农科和经济学科在德国高校中属于强势学科。Hohenheim大学下设3个学院：农学院、自然科学学院、经济和社会科学学院。每个学院又下设多个研究所，研究所是从事教学和科研的基层单位。仅农学院就设有17个研究所和3个试验站。当时的Hohenheim大学在校生五六千人。学校的校园面积很大，也很美，被誉为德国最美的大学校园之一。古王宫是校园内的一座标志性建筑，外观宏伟庄重。学校的主要行政办公部门都集中在这座王宫内，但王宫内部原有结构一直保存得非常好。校园南侧的植物园内植物种类繁多，不仅是学习植物分类学的教学园地，也是学习和工作之余一个十分清新和幽静的去处。和中国的大学校园不同，Hohenheim大学没有校门，也没有围墙，完全对外敞开。校园内绿地面积大、树木多，学校四周的景色也非常宜人，真是一个读书和做学问的好地方。

当年的Hohenheim大学只有3栋学生宿舍楼，能容纳学生数不多，大多数学生租住在私人家中。入住学生宿舍既方便，又便宜（155马克/月租）。学生宿舍大多为单人间，每层有十多个房间和一个公用厨房，两个相邻的宿舍共用一个带有淋浴设备的卫生间。由于学生宿舍数量有限，想入住并不容易。我很幸运，在我到达Hohenheim大学前Mueller教授已为我预定了一个学生宿舍房间。既方便上班，还可以自己做饭。

我所在的植物医疗研究所当时有 5 名教授，他们的研究领域分别是植物病理学、昆虫学、病毒学、杂草学和植物药理学。在德国的大学中，每一个学科方向一般只设一个教授岗位，即使获得了教授任职资格，也必须有教授岗位空缺才能被聘任为教授。我的老板 Franz Mueller 教授是农药植物药理专家。他从事农药在植物体内的吸收、转运和代谢方面的研究。Mueller 教授的放射性同位素实验室建在研究所地下室。我在 Hohenheim 大学近两年，包括很多节假日在内，几乎每天在实验室工作十多个小时。最终完成了两个研究课题，并在国内外核心刊物发表了五篇文章。后来还将 Mueller 教授的德文专著《植物药理学》翻译成中文，于 1988 年正式出版。

我初到 Hohenheim 大学时，中国留学生人数只有区区 10 个人，全部是国家公派留学生。其中有 6 位是国家教委从国内各重点大学刚入学的一年级大学生中经选拔送到联邦德国读大学的，都很年轻。当年在 Hohenheim 大学学习的中国人生活比较单调，每日基本是三点一线。那年头的中国留学生无论已婚的或未婚的，过的都是单身生活。为了打发寂寞，也为了增进中国同胞之间的友谊，在我到达 Hohenheim 大学后我建议：谁过生日谁请客。此建议一提出立即得到所有中国同胞的赞同。自此，同胞们隔一段时间可借庆祝生日聚在一起，自己动手做饭做菜，热闹一番。节假日中国留学生们有时也一起打篮球、打乒乓球、游泳或结伴到市区逛逛商店。周末还有一项重要任务是到超市采购一周的食品。

在 Hohenheim 大学，每年的“Uni-Tag”（“大学日”）是学校最热闹的一天。在王宫前的广场搭建起临时舞台，有专业和业余演出。还有许多摊位出售各种小吃、啤酒和葡萄酒等。大家可以边吃、边喝、边聊并欣赏演出。参加这一天庆祝活动的不仅有校内的师生员工，还有家属、校友和学校周边居民。每逢“Uni-Tag”，在 Hohenheim 大学学习的外国留学生都会趁此机会大显身手，支起摊位现场制作各国特色小吃，一则传播民族饮食文化，二则可以赚取些零花钱。中国留学生摊位出售的春卷和饺子很受青睐。

当年 Hohenheim 大学的学校领导、教授们对我们中国留学生非常友好。校长 Reisch 教授的家被我们誉为“中国之家”，这不仅是因为他家中收集有许多中国的字画和工艺品，更重要的原因是：Reisch 校长是两校合作的奠基人，他和他的家人对中国非常友好，中国留学生和短期来访的中国学者是他家的常客，1983 年圣诞夜我们就是在他家中度过的。因为工作关系，我与 Franz Mueller 教授夫妇交往更多。

1984 年圣诞节前夕，我结束了在德国的学习返回中国。1986 年北京农业大学与 Hohenheim 大学开始了校际合作，这一合作得到中德两国政府的大力支持。从 1986 年至 2001 年期间仅德方的经费支持总额就达 2 000 万马克之多，这在中外校际合作中是极少有的。这笔经费用于中方的实验室建设、两校科学家的互访以及研究生的培养。由于执行合作项目，1986 年以后我又应邀多次访问过 Hohenheim 大学，其中最长的一次停留了四个月。1999 年我作为中国农业大学校长与 Hohenheim 大学校长 Markazina 教授在 Hohenheim 大学古王宫中还共同签署了新一轮的两校合作协议。

如今，两校合作已经走过了 24 年的历程。虽然双方许多当年的合作伙伴已经退休或作古，但两校的合作始终未曾间断。

祝愿两校合作取得更加丰硕的成果！

愿中德友谊万古长青！

在 Hohenheim 大学校园内王宫前留影（1984 年）

（本文写于 2010 年 3 月 26 日）

中国在德国留学生奖学金风波

中国留学生合影于波恩中国大使馆（1983 年）

（前排左起：赵冬缓，周秀琴，魏正，贾文林。后排左起：王坚，孔庆山，李德平，江树人）

1983 年 7—8 月份，我们在德国留学并享受德国相关机构提供奖学金的中国留学生被分批召集到波恩中国驻德国大使馆开会，传达三部委（外交部、外经贸部和国家教委）一个紧急文件。

事情的原委是这样的。当年在德国学习的中国公派留学生一部分由中国政府提供奖学金，一般每月只有五六百马克。这有限的奖学金所支付的开销包括日常生活费、房租和医疗保险等。若租住在学校学生公寓房租比较便宜，月租金一般在 150～200 马克，如果租住私人房，租金要贵很多。医疗保险每人每月 60～70 马克。所以由中国政府提供奖学金的留学生需更加节俭，否则很难攒够回国购买电视机、洗衣机、电冰箱等八大件物品所需的钱。而当时德国政府或各类基金会为部分中国留学生提供的奖学金数额都要高于中国政府奖学金，为每月 800～2 000 多马克不等，以洪堡奖学金数额最高。对于已经习惯了社会主义大锅饭的中国留学生来说，同在德国一个单位学习，资历不相上下，但由于提供奖学金的渠道不同而造成了彼此间的贫富差别，甚至达 4～5 倍之多。对于这一改革开放带来的新问题，当时中国政府的相关主管部门采用的办法是用平均主义来化解矛盾。于是规定凡是享受德国提供的各类奖学金人员须将高出中国政府奖学金的部分全部上缴，由中国驻德国大使馆派专人每三个月到德国各地向中国留学生收取上缴款一次，上缴部分可返还 5% 给个人作为奖励。没料想这一规定出台执行一段时间后又引发了新的问题，在德方获知中国政府要求留学生上缴奖学金一事后向中国外交部、外经贸部提出了严正交涉。于是中国政府不得不改变政策，三部委联合下发了一个紧急文件，其大致内容如下：从文件下达之日起，凡享受德国各类奖学金的中国留学人员不再上缴奖学金，但留学人员回国后要执行三扣除，即出国制装费（700元），国际往返机票费及出国期间在国内领取的工资须用外汇返还国家。这一新规定对于奖学金较高且在德国停留时间较长的留学生比较实惠，但对奖学金额度较低且在德国学习停留时间较短的留学生而言则受益很小。

中国政府的主管部门就奖学金一事先前出台的上缴政策和后来的紧急补救文件用今天的观点看确实有些不合情理，但从历史的角度看问题，在中国当时的时代背景下这两个规定的出台又有它的必然性。值得欣慰的是我们国家改革开放30年来综合国力已大大增强，那些在贫困年代、平均主义年代发生的这类事情已一去不复返了。

（本文写于2009年8月16日）

我在德国和中国经历的两次耳部手术

在德国接受耳膜修补手术（1984 年）

1968年夏的一天，与几位大学同学一起到离北京农业大学校园不远处的运河游泳，一位同学不慎将眼镜掉落到运河中，我在潜水至运河底部帮忙寻找丢失的眼镜时，突然间感觉右耳内发出轻轻的响声，紧接着有疼痛感，第二天经北京医学院第三附属医院耳鼻喉科大夫检查，确诊为耳膜穿孔。大夫告诉我，穿孔部位可以自行慢慢愈合。后来的十多年里，右耳曾有过几次发炎现象，并不严重，所以我也就未再重视。1983—1984年我在德国Hohenheim大学学习期间，我的右耳曾多次发炎，德国大夫检查后建议我住院做耳膜修补手术，以彻底解决。1984年10月17日我住进了名叫Paracelsus- Krankenhaus Ruit的医院，该院耳鼻喉科有两位大夫，他们是Dr. Dela Motte和Dr. Kaufmaier，前者是我的接诊大夫，他在手术前为我做了检查。聊天中得知，该医院耳膜修补手术成功率为80%～90%，住院一周即可出院。后来手术进行得很顺利，出院十多天后回去复查，Dr. Dela Motte检查后告诉我：“很抱歉，手术没有成功。”问其失败的原因，他说：“您倒霉，你正好属于手术不成功的10%～20%之列。”Dr. Dela Motte的回答让我哭笑不得，也只好接受这一事实。

1984年年底我结束在德国的学习回国后，曾到北京医学院第三附属医院耳鼻喉科伍赞群大夫处就诊并询问了有关耳膜修补手术等问题。询问中得知该院耳膜修补手术成功率在95%以上。问其为何成功率高于德国，伍大夫说：“我们的手术病例数量比他们要多得多……”言之有理。此回答坚定了我在中国接受再次手术治疗的信心。后来由于种种原因一直也未能抽出时间住院接受再次手术治疗。2003年我还曾受骗一次，一日看到北京晚报登了一则小广告，说朝阳区某医院可以在耳膜穿孔处用贴膜的方法取代传统的手术疗法，于是花了500元接受了这种新方法治疗，那位“大夫”信誓旦旦地告诉我，他用的是一种新材料制成的膜，这种膜贴到创口部位后会慢慢与周围组织融为一体，此方法省时、省钱且没有痛苦……尽管我有点将信将疑，但考虑到没有大的风险，最多也就是白扔500元，于是欣然接受了贴膜治疗，并寄希望奇迹真的会出现！在交费贴膜两周后，再去复诊时，已是人去楼空。好在损失不大。这件事让我最终下定决心：到北医三院接受手术治疗。

距在德国第一次耳部手术20年后的2004年4月我在北医三院再次接受了耳膜修补手术。主刀大夫是该院耳鼻喉科主任大夫马芙蓉博士。马大夫曾在著名的瑞士苏黎世一家医院深造过，医术精湛。手术后一周出院，再次复查证实：手术成功！这次手术的成功也证实了伍赞群大夫所说过的话。

如今我的第二次耳部手术已过去多年了，我的右耳再没有发生过炎症，且听力也有改善。

非常感谢马芙蓉大夫！

北医三院的耳鼻喉科很棒！

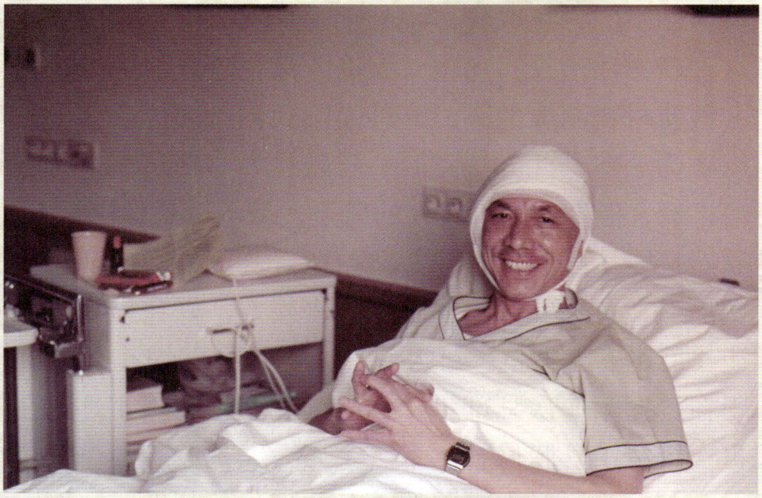

在德国做耳膜修补手术住院照片（1984 年）

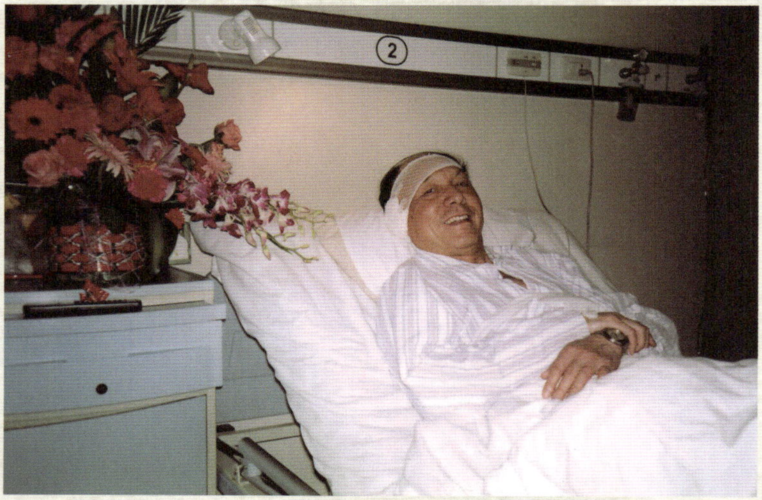

在北医三院做耳膜修补手术住院照片（2014 年）

（本文写于 2009 年 6 月 18 日）

在德国 Garching 演出

中国留学生在德国 Garching 城市节演出的小合唱（1988 年）

1988年4—8月份我在德国斯图加特Hohenheim大学植物医学研究所（Institute of Phytomedicine）米勒教授的植物药理实验室执行中德合作研究项目期间，曾与十多位中国留学生一起应邀在离慕尼黑不远的小城Garching演出了几个带中国民族特色的节目。

Garching有德国科学城之称，类似于美国的硅谷和日本的筑波，这儿聚集了很多科研机构。据说该小城每年举行一次城市节（德语称之为Buergerwoche）。1988年6月29日是该城的第17届城市节。节前，市长向有关国家驻德国使馆发出邀请，希望能为市民奉献一台展示各国民族艺术风采的晚会。当年在德国学习进修的中国留学生中不乏一些学习钢琴、小提琴等西洋音乐的，但他们中没有从事民族音乐者，于是使馆将这一任务交给了斯图加特中国留学生学生会。学生会从原北京农业大学在斯图加特进修的一位老师处得知，我曾在北京农业大学的晚会上表演过笛子独奏。于是，学生会负责人找上门来要我出个独奏节目。天哪！这可着实为难我了。我已有多年未吹笛子了，中国不是有句话叫“拳不离手，曲不离口”吗！再说，我从哪儿去找可用于演奏的笛子啊！学生会负责人承诺可设法为我提供一套高质量的套笛，让我每天下班后抓紧时间练习。接受任务距正式演出只有半个月，真有点赶鸭子上架的味道。

斯图加特中国留学生学生会果真为我提供了一盒质量尚可的套笛。自此，每天下班后我乘城市轻轨到Feingen斯图加特大学一活动场所与临时拼凑起来的由电子琴、二胡、小提琴、撞铃等组成的伴奏乐队一起练习。由于技艺荒疏，一开始练习时感觉气力不够。但几天后，情况大有好转。我选了两支难度不大的曲子《喜洋洋》和《红梅赞》与乐队一起反复练习，一周后，我对演奏技艺恢复的水平还算满意。在练习独奏的同时，我们小乐队也为其他歌舞类节目伴奏。

6月28日我们一行十多人从斯图加特出发乘火车来到Garching，29日晚在一家剧院，我们演出了笛子独奏、民乐小合奏、红绸舞、独唱、合唱等节目，演出很顺利，台下掌声也很热烈。总算较圆满地完成了任务。那天晚上西班牙、苏联等国家的民族艺术家也表演了节目。演出结束后，市政府在一饭店宴请了我们一行。

很巧，这一天正好是我的生日。

（本文写于2009年4月8日）

巧遇德国总理

我为德国总理科尔拍摄的照片（1983 年 2 月）

1983年初我在柏林停留期间，DSE（联邦德国国际开发基金会）组织我们参观了柏林“绿色周”（即农业博览会）。该博览会有着悠久的历史，据说它是由1887年开始的德国农业协会年会，后来逐渐演变成了农业博览会，且规模越来越大，每年冬季举办一次。该博览会设有农产品展示、技术交流、贸易洽谈、技术合作、项目投资及专题研讨会等内容。每年都吸引几十个国家的上千家企业参与，它已成为全世界最大的农业博览会之一。每年它都会带来可观的成交额。由于这个博览会的巨大影响力，它也吸引了世界范围，特别是德国政治家的踊跃参与。政府要员，各党派负责人纷纷到此亮相或作秀。据报道，2007年的“绿色周”期间有100多位世界政要到场，所以有人称其为“世界农业峰会”。10天的展出期间参观人数达43万人，仅周末就达10万人之多。德国社民党主席贝克还身着西装在现场做了挤牛奶表演，引来众多记者的镜头。

1983年的“绿色周”博览会是在2月初举办的。我参观的那天上午突然间参观人群人声鼎沸，纷纷向大厅内出现的一个高大魁梧的身影涌去，此人身后跟着不少随从。我虽不认识此人，但判断一定是位重要人物。于是也跟着往前涌。等我快接近时，这位人物已被密密的人群围住，人们拼命往里挤，每个人都想靠得更近一些与他握手。我也不例外，两手紧握住胸前的相机往前挤，中国人灵巧的优势此时充分体现，我很快从外层挤进内层，在离这位大人物大约一米距离时，我举起了胸前的佳能半自动相机，也来不及调整焦距以最快的速度抢拍了六张照片，随之从拥挤不堪的人群中退了出来。这时大厅里响起了人们欢快的歌声，还有人跳起了舞蹈。我向身边一位德国人打听后方知，我刚刚为之拍照的原来是刚上任不到三个月的德国新总理科尔先生。我为自己这一意外收获感到惊喜，回到住处后立即取出胶卷送去冲洗。很幸运的是，我为科尔先生所拍的六张近距离特写照中有一张十分清晰。当我向同去参观的同伴们出示这张照片时，令大家羡慕不已。

（本文写于 2009 年 1 月 22 日）

日内瓦邂逅耿飚将军

与耿飚副委员长合影（1984 年）

（左一：曾涛；左五：耿飚；左七：江树人）

2009年8月26日晚的中央电视台新闻联播报道“2009年8月26日在人民大会堂举行了隆重纪念耿飚诞辰100周年活动，国家领导人习近平等出席”。这一报道使我回忆起了25年前在日内瓦与耿飚将军的邂逅。

1984年3月底在联邦德国斯图加特市和海德堡市学习的30多位中国留学生组织了一次赴瑞士和意大利的七日游。我们包租了一辆大巴，从德国出发首站目的地是瑞士日内瓦，然后是首都伯尔尼和洛桑。出发前，在德国留学的中国学生会组织通过中国驻德国大使馆与中国驻瑞士大使馆取得了联系，希望能帮助我们购买免税的瑞士手表。当我们一行到达中国驻瑞士大使馆后得知，时任全国人民代表大会副委员长、人大外事委员会主任委员的耿飚同志正好在大使馆，他是率团来日内瓦参加联合国会议的。

我们留学生都知道，耿飚不仅是一位著名的将军，也是一位杰出的外交家和政治家。红军时期他曾任过红四方面军第四军军长，抗日战争时期曾担任八路军129师385旅副旅长兼参谋长，解放战争期间他是著名的杨（成武）罗（瑞卿）耿（飚）兵团参谋长，他几十年戎马生涯、战功卓著。中华人民共和国成立后，耿飚转入外交战线，曾被派驻瑞典、丹麦、巴基斯坦、缅甸和阿尔巴尼亚等国任大使。后来又先后担任过外交部副部长、中联部部长、国务院副总理、国务委员、国防部长、中央军委秘书长等重要职务。给我们印象最深的是在粉碎“四人帮”的关键时刻，经叶剑英推荐，耿飚将军曾奉命出色地执行了一项党中央交给的特殊使命。

1976年10月6日晚，当“四人帮”一伙被相继逮捕后，耿飚受华国锋同志之命，带着他的亲笔手令去执行控制中央广播电台的使命。他在北京警备区副司令邱巍高和警备一师副师长王甫陪同下进入中央广播事业局大楼后，首先从守卫中央台的警备一师抽调了20名战士分别控制了直播室和相关要害部门，随后他们来到了中央广播事业局局长邓岗的办公室，向邓岗出示了华国锋的亲笔手令。手令是写在一张白纸上的：“邓岗同志，为了加强对广播、电视的领导，中央决定，派耿飚、邱巍高同志去，请你们接受他俩的领导，有事直接向他们请示。华国锋　十月六日。”邓岗仔细看完手令后，愣愣地看着耿飚，似乎仍不明白发生了什么事。耿飚对他说：“派我来这里，是华总理和中央的决定，你要不相信，打电话向姚文元请示也可以，但不许出去，电话就在这里打。”邓岗扭头看了看守在门口的两名荷枪实弹的卫兵，勉强笑笑说：“我不打电话，没有什么要请示的，我服从中央的决定。”随后耿飚要求邓岗用电话通知中央广播事业局11名核心成员到邓岗办公室开会传达了华国锋同志的手令。23点40分，邓岗召集各部门领导开紧急会议，耿飚又一次传达了中央的指示。这些工作做完后，耿飚给华国锋、叶剑英打电话报告：“我们已经把中央台控制住了，广播局的领导人都在我这里，请党中央放心。”

耿飚在粉碎“四人帮”关键时刻所完成的特殊使命让我们对他又多了一份崇敬，于是在大家的要求下，使馆安排了我们与耿飚将军短暂会面，并合影留念。陪同会见我们的还有中国代表团副团长曾涛同志。

在会见结束后，使馆同志满足了我们购买瑞士手表的要求，每人限购一块，我用125瑞士法郎买了块欧米伽男表，这块表我用了二十多年，现已作为纪念品珍藏。

这趟瑞士之行收获颇丰。

（本文写于2009年8月27日）

卢森堡旅店经历

与仲汉根（右），翟长虹（左）在法国
（1997 年 11 月）

1997年冬我出差欧洲，与我同行的有江苏辉丰农化集团的仲汉根先生和一位地方官员翟长虹先生。一天傍晚我们一行到达卢森堡，打算在此住一宿再继续下面的行程。卢森堡是欧洲一个小国家，人口40万，以钢铁、金融和广播电视业为主，据说卢森堡是欧盟最富裕的国家，所以旅馆住宿费很高。为省钱，我们三人在一家小旅馆要了间每晚收费100美金配有三张单人床铺的房间。老板得知我们第二天一早即离店，便让我们交了房费，并告知明早不必打招呼自行离店即可。第二天清晨起床后我发现仲汉根先生脸色不好，他诉说半夜着凉拉肚子了。问其原因才知道他盖的被子只有被罩，里面未装毛毯。这明显是旅馆的工作失误，我当即要下楼找老板论理，仲先生说："算了吧，别找了，现在已不拉了……"我们正收拾行装准备出发，突然间我想到，如果我们这么离去，等旅馆打扫房间时发觉有条被子缺了毛毯，他们是否会误认为：毯子被住店旅客带走了。这岂不坏了中国人的声誉。我向二位同胞说出此顾虑后，他们也觉得有道理。于是我请仲汉根先生躺回床上，我下楼敲开了老板的房门："先生，请您上楼到我们房间去一下。"我说道。

老板："什么事？"

"上去你就知道了。"

老板随我一起来到我们房间，我指着躺在床上的仲汉根先生对旅馆老板说道："我的同伴病了，他拉肚子。你知道他为什么拉肚子吗？"

老板摇摇头。我随即指着仲先生床铺上的被子说道："我的同伴拉肚子是因为被子只有被罩，而没有毛毯内衬受冻造成的！"

老板一听唯恐要承担责任，急忙说："他拉肚子可能是你们昨晚吃了不洁食物引起的。"

我当即反驳道："昨晚我们三人一起在附近一家葡萄牙饭店用的晚餐，三人吃的是同样的食物，我肯定食物没有问题，很明显拉肚子是被子薄引起的。你看如何办吧？"

听完我的话，老板摇摇头，沉默了一会儿又争辩道。"你们半夜可以敲我的门告知我这一情况。"

我知道如果旅馆费未交还有交涉余地，现在提出索赔要求肯定不易，时间也赔不起。再说我们的基本目标已达到，于是我便改用和缓的语气对老板说道："你不用担心我们会让你赔偿。我们找你的目的是让你要吸取教训，今后要对住店客人负责。"

我的话让老板打消了顾虑，他迟疑了一会儿，点了点头转身离去。随后，我们也离开了这家旅馆。

于比利时布鲁塞尔（1997 年 11 月）

（左起：仲汉根，江树人，梁斯红，翟长虹）

（本文写于 2009 年 1 月 24 日）

在德国观看中国体操队、中国篮球队比赛

与中国国家体操队合影于德国斯图加特

罗小均（左二），黄玉斌（左三），许志强（左四），李小平（右四），江树人（右三），赵冬缓（右二）（1983 年）

1983年10月24—30日，中国男子体操队参加了在匈牙利布达佩斯举行的第22届体操世锦赛并第一次荣获男团冠军。比赛一结束，中国男子体操队应邀参加德国斯图加特邀请赛。当时，在该市居住的华侨和中国留学生很少。比赛那天，到现场为中国队加油的中国观众不到10个人，其中包括我们四五位留学生。

那次到斯图加特参赛的中国男队只有三位运动员，他们是黄玉斌、李小平和许志强，教练是高健。三人中黄玉斌年龄最大（25岁），他曾在1980年世锦赛拿过吊环冠军。李小平长得很帅，曾荣获1981年莫斯科世锦赛鞍马冠军，在体操界有“鞍马王”美称。许志强个头很小，来自解放军八一体工队，是个全能型选手。这三位布达佩斯22届世锦赛中国男团冠军主力成员果然身手不凡，此次斯图加特邀请赛黄玉斌吊环夺冠，李小平鞍马问鼎，许志强全能第二。作为现场的中国观众，虽然人数有限，但我们个个都尽力为国手们助威加油了。比赛一结束，我们几位中国同胞立即涌进比赛场内，向为国争光的国手们表示祝贺，国手们还将他们领奖时得到的鲜花转送给了我们并和我们合影留念。

转瞬27年已过，当年的体操明星如今已鬓发染白。黄玉斌从1986年起改任中国体操队教练至今。李小平1986年离开中国体操队赴美国求学，据说现今在美国加州开设了一家名为“南岸”的体操俱乐部，在当地颇有影响。最令人欣慰的是，近30年来中国体操队一代代国手们一直在延续着昔日的辉煌。

1983年冬，我们在德国斯图加特的中国同胞还曾迎来了由著名教练钱澄海率领的中国男子篮球队的来访。还在学生时代，我就知道钱澄海是中国男篮的著名球员。他1955年入选国家男篮，曾任国家队队长，场上核心后卫，转身跳投是他的绝活。他与当时的男篮名将杨佰镛等一起创造了中国男篮快速、灵活的特色，在国内外篮坛很有影响。1965 年我曾读过《新体育》杂志一篇标题为“钱澄海的篮球艺术”的文章，该文详细记述了钱澄海的精湛篮球技艺。从 1972 年起，钱澄海出任中国男篮教练。在实践中，他摸索出了一套适合中国男篮的紧逼、快攻和跳投三大法宝，在国内外比赛中屡创佳绩。对于这样一位篮坛名宿率队来访，我是不会错过这一机会的。到访的中国男子篮球队与德国队比赛那天，我与几位同胞早早就来到了赛场，那是一场友谊赛，中德双方球员奉献的精彩比赛博得了现场观众阵阵掌声。中国队中身高 2.17 米的中锋韩朋山在场上的灵活、快速的球技给我留下了很深的印象。

比赛结束后，我们向中国队教练和球员表示慰问。当我向钱澄海教练谈起 1965 年《新体育》杂志关于他篮球技术的描述时，钱教练笑着说：过奖了！过奖了！

这是我与钱澄海先生唯一的一次接触，这位中国篮坛昔日的功勋运动员与教练员已于 2008 年 4 月 24 日因患骨癌不幸病逝。那位当年给我留下深刻印象的篮球场上巨人韩朋山，距我们在斯图加特相见仅仅几个月后的 1984 年 3 月的一天，因突发心脏病猝死在火车上。去世时年仅 28 岁，十分可惜！

如今，当年与中国男子篮球队在斯图加特市的合影已成为永久的纪念。

与访问德国的中国国家男子篮球队合影

（前排左一：白玉山；左三：张沅；左五：赵冬缓；左六：钱澄海教练；左七：江树人；后排最高者：韩鹏山）

（本文写于2010年11月23日）

创造辉煌的中国大陆第一支橄榄球队

分别获得第二届罗马世界大学生橄榄球赛

男、女第三名的中国队（2006 年）

中国农业大学橄榄球队成立于1990年12月15日，这是在中国大陆诞生的第一支橄榄球队。这支球队的诞生应归功于时任北京农业大学校长石元春院士、体育部曹锡璜教授等的慧眼独具和日本友人森本太行先生的热情支持和帮助。

这支全部由大学生组成的橄榄球队从建立伊始便贯彻严格管理和艰苦奋斗的精神。教练郑红军教授虽非橄榄球科班出身，但十分刻苦敬业，很快便执掌了球队的教鞭，在队员中享有很高的威望并成为橄榄球界知名专家。他曾担任中国国家男、女橄榄球队的总教练。

如今，中国的橄榄球运动已走过了20多年的历程。过去的20多年中国农业大学的橄榄球运动一直得到了历任校长的大力支持。以中国农业大学球员为核心的国家队的水平也在不断地提高。

2006年和2007年我曾带领中国橄榄球队两次出国比赛，与教练员和队员们朝夕相处，一起经历了扣人心弦的比赛，也一起分享了胜利的喜悦。2006年在意大利罗马举行的第二届世界大学生橄榄球比赛中，中国男、女队双双获得铜牌；2006年的亚运会中国男队获得铜牌；2007年在法国巴黎举行的，来自世界各大洲的12支大学男子橄榄球邀请赛中，中国农业大学队荣获银牌；在2009年12月举行的东亚运动会上，中国男子橄榄球队首次战胜亚洲橄榄球水平最高的日本队，这虽然只是一次比赛的胜利，但它却被看作是一次重要的突破。在这次运动会上，中国女队则以绝对优势一举夺得2009年12月东亚运动会女子橄榄球比赛冠军，继之于2010年7月又夺得亚锦赛女子橄榄球比赛冠军。

当今在亚洲橄榄球界，中国女子橄榄球队技术水平具有一定的优势。中国男子橄榄球队的水平与日本队、韩国队和中国香港队基本接近。与中国足球相比，中国的橄榄球运动的发展历史如此之短，且在国家基本没有投入的情况下能取得如此的成就实属不易。他们的成功既得益于校园文化的熏陶，更得益于科学的训练、严格的管理和艰苦奋斗的精神。

中国农业大学橄榄球队不仅是中国此项运动的拓荒者，也为橄榄球运动在中国的普及提高做出了重要贡献。如今中国各省市橄榄球俱乐部和球队的教练大多是原中国农业大学橄榄球队的队员，还有多名球员加盟或被租借到英国、澳大利亚、日本、新加坡以及中国香港等著名橄榄球俱乐部打球。

如今，7 人制橄榄球比赛已列入奥运会比赛项目。我相信，未来橄榄球运动在我国将得到进一步的普及和提高。

获第二届世界大学生橄榄球比赛铜牌的中国橄榄球女队站在领奖台上（2006 年）

参加第二届罗马世界大学生橄榄球赛获奖后
中国男队合影（2006 年）

（本文写于 2010 年 11 月 6 日）

1984年国庆招待会的记忆和怀念

国庆招待会上合影（1984年）

（左起：江树人，托马斯，米勒夫人，米勒教授，陈伦授教授，马施勒夫人，马施勒教授，毛兹夫人，毛兹教授，吴罗罗教授，李秉礼教授）

1984年在庆祝中华人民共和国成立35周年之际，当时联邦德国斯图加特市的中国留学生学生会曾举办了一次国庆招待会。为了方便大家参加，招待会安排在晚上进行。这次招待会得到了当地华人的全力支持和赞助。学生会成功地邀请到了巴登弗登堡州州长施佩特先生出席并发表了热情洋溢的讲话。当时施佩特先生是联邦德国政坛的一颗明星，许多人预言他可能会问鼎下任联邦德国总理宝座。招待会还邀请到当时正在德国学习的中国著名钢琴家石叔诚先生为大家演奏了中外名曲。斯图加特市的几家中餐馆为招待会提供了丰盛的中餐食品。

为了扩大影响和增进友谊，学生会规定每位中国留学生可邀请2～3位德国客人作为招待会的嘉宾。当时我所在的Hohenheim大学有多位教授携家人应邀参加，施佩特州长出席中国留学生组织的招待会颇使这些德国客人感到有点意外，他们钦佩中国留学生的活动组织能力。当然招待会上提供的丰盛中餐食品也大受德国朋友们的青睐。那天晚宴自始至终充满了热情洋溢的友好气氛。和我在一起的几位德国客人是Hoheheim大学的Marschner教授夫妇、Mueller教授夫妇和Moser教授夫妇，这3位教授都是中德农业科技合作项目的德方主要成员，我们边吃、边聊，话题广泛，谈兴甚浓。我们还一起在招待会现场合影留念，这张照片不仅记载了我们中国学者在异国他乡庆祝中华人民共和国成立35周年国庆节的历史，也记载了中德科学家之间的友谊。

在庆祝中华人民共和国诞辰60周年之际，每当我打开相册翻看到1984年国庆招待会上与几位德国朋友的合影照片时，不胜感慨之至。一则感慨时光飞逝，更感慨的是如今照片上的3位德国教授和其中的一位夫人都已作古。Moser教授是一位农机专家，专长于农药应用技术，他是中德农业科技合作项目子课题“农药应用技术”的德方负责人，我与他接触不多，1986 年他在北京农业大学做学术报告时，我曾应邀给他当过德语翻译。Moser 教授后来患癌症于 1988 年病逝，终年 62 岁。Mueller 教授既是我在 Hohenheim 大学进修时植物药理实验室的老板，也是后来中德农业科技合作项目我们子课题“黄淮海地区病虫害防治和减少农药污染”项目的德方负责人，我与他交往达 9 年之久，1983 年 2 月至 1984 年 12 月我在他的试验室学习工作近两年，回国后因执行合作项目又曾应邀多次访问过他的实验室。Mueller 教授也曾四次访华进行学术交流，每次都由我全程陪同，除北京外，我们一起访问过西安、广州、南宁、合肥、南京等地，1988 年在从合肥前往南京途经我的家乡全椒县时，他特意提出要顺访一下。那时我的家乡还没有对外开放，经联系后，当时的全椒县委书记王光普同志表示热烈欢迎，并安排县长陈文长同志和县委副书记汪世和同志设宴招待，还由汪世和副书记陪同参观了县柴油机厂和玩具厂，受到热烈欢迎。Mueller 教授夫妇还到江家大院停留了片刻，会见了当年仍住在大院中的江家亲友。Mueller 教授为人热情，对中国非常友好，原北京农业大学校长安民教授曾如此评价他：“Mueller 教授比中国人还热爱中国！”Mueller 教授于 1991 年在一次交通事故中不幸逝世，终年 59 岁。他的突然离世让我十分悲痛，为了纪念他为中德农业科技合作项目所做的贡献，我写了一篇缅怀他的文章发表在人民日报海外版。后来在农业部教育司司长、中德农业科技合作项目中方总负责人毛达如教授建议下，北京农业大学在 Mueller 教授帮助建立的农药植物药理试验室内为他制作了一块纪念铜牌，纪念牌上用中文和德文刻写了“纪念为中德合作项目做出贡献的弗朗茨·米勒教授”，还举行了隆重的揭牌仪式，Mueller教授夫人专程从德国赶来参加仪式，100多位中德科学家到场，校长石元春院士致辞并与Mueller夫人共同揭牌。1984年国庆招待会合影照片中的另一位教授是Marschner先生，他是世界著名的植物营养学家、德国科学院院士、英国皇家学会会员，生前任Hohenheim大学植物营养研究所所长和中德农业科技合作项目德方总负责人。Marschner教授不仅学术造诣深，其敬业精神尤其令人感佩，每次来华访问，从机场到达学校后总是不顾长途旅行疲劳立即到实验室听取合作项目进展情况汇报，对青年学者和研究生既严格要求又循循善诱。教育部长江学者特聘教授、曾担任过国际植物营养大会主席、中国农业大学张福锁教授和该学院的国家杰出青年基金获得者李晓林教授都是Marschner的门生。1996年Marschner教授出差非洲期间染上恶性疟疾，回国后身感不适未引起重视，未能及时就医以至发展到后来病情急速恶化抢救无效而病逝，终年65岁。最令人敬佩的是在他生命最后弥留之际，Marschner教授所交代的不是家事，而是让他难以割舍的中德合作项目。这件事让所有的中方同事感动不已。值得欣慰的是，从1986年开始的中德农业科技合作项目在中德双方科学家的共同培育下，历经20多年至今仍在延续。1998年Marschner教授的得意门生张福锁教授已成为新一期中德项目中方总负责人，项目更加综合并得到德方多个部门资助，进展顺利。我相信新一代的中德科学家们会继续努力，继承前人未尽的事业以告慰在九泉之下的Marschner教授、Mueller教授、Moser教授、沈其益教授、安希伋教授等开创中德农业科技合作项目的老一代中德科学家。

为中德农业科技合作项目做出贡献的已故科学家万古长青！

祝中德农业科技合作项目取得更加辉煌的成果！

（本文写于2009年10月10日）

寻访越南校友

与越南校友合影于河内农业大学

（左起：王敬国，瞿春寅（越南），杨庭源（越南），张大昌，黎文来（越南），阮春福（越南），杨春宵（越南），阮氏金英（越南），朱有贵（越南），江树人，梅有睦（越南），工作人员（越南），范明职（越南），黄麻（越南），阮氏参（越南），阮氏积儿（越南），裴氏蓉（越南），黎伯历（越南））

“文革”前北京农业大学曾接受过来自缅甸、蒙古、伊拉克、尼泊尔、喀麦隆、越南、捷克和保加利亚等国的留学生，其中以越南留学生人数最多。

原北京农业大学接受越南留学生始于1954年。早期的越南留学生多属调干生，年龄较大，很多人还是越南的国家功臣。如越南留学生梅有珪，1954年入读我校农经系时已29岁，他曾获得过越南政府颁发的抗法三级勋章。“文革”前北京农业大学接收的最后一批越南留学生时间是1965年，人数近50人。这批留学生基本上为高中毕业生，年龄在17～23岁，女生比例近半。这一批越南留学生来华的第一年被分别安排在北京师范大学、北京外国语学院、中央民族学院等首都高校学习汉语，按计划语言学习结束再到北京农业大学读本科课程。由于1966年我国史无前例的“文革”爆发，全国范围内的停课闹革命风潮中断了这批1965年来华留学生的留学梦。在他们本科学习尚未开始之际即与其他年级越南留学生一起于1967年全部奉诏回国。

越南在1975年实现统一前长期处于战时状况，当时中国和越南民主共和国（北越）同属社会主义阵营国家，中越两国之间是“同志加兄弟”的关系。尽管当时中国也十分贫穷，但中国政府对越南民主共和国的援助是十分慷慨的，对留学生的照顾也是十分周到的。越南在华留学生全部由中国政府提供奖学金。学校设有留学生食堂，校方还为每位留学生安排了一位与他们同专业且同班的中国学生作为辅导员。这些辅导员都是政治上可靠，学习成绩优秀者。当时中国大学生8个人住一间学生宿舍，而留学生与辅导员是两人共享一间。

当年由于中越两国的亲密关系，在中越学生中经常可听到颂扬两国友谊的歌曲。给我印象最深的是一首名为“越南—中国”的越南歌曲，这首歌的歌词中文译文是：“越南—中国　山连山　水连水　共临东海我们友谊向朝阳　共饮一江水　朝相见　晚相望　清晨共听雄鸡高唱　共理想　紧相连　胜利的路上红旗飘扬　啊……　我们歌唱万岁胡志明　毛泽东。”这首当年非常流行的越南歌曲的歌词充分体现了那时两国兄弟般的友谊。1966 年以后由于“文革”和中越之间 1979 年的那场战争，那些曾经在我校留学的越南留学生回国后与母校就失去了联系。

寻觅当年越南校友的踪迹一直是农大人的愿望。2004 年学校开始筹备百年校庆，校友会的工作由我负责。借此契机通过校友，原广西壮族自治区畜牧局副局长张大昌的关系，终于与在河内的部分越南校友取得了联系。其后不久，我与校外办主任王敬国并会同张大昌同志一同赴河内，通过越南校友的互相联络，我们在越南河内先后与二十多位越南校友见面并聚会。出席聚会的校友中，被我一眼认出的是当年经常在我校登台表演独唱的 1962 级气象物理系越南留学生杨庭源。老校友的相聚让大家兴奋不已，越南校友们纷纷回忆了当年校园生活的许多点点滴滴，对于母校领导专程来越南寻访并邀请他们回校参加百年校庆十分感动。聚会中经我建议，校友杨庭源即席演唱了多首中国当年的老歌，如蓝蓝的天上白云飘，白云下面马儿跑……40 多年后再次欣赏杨庭源的歌声，依然像当年一样动听，且字正腔圆。

通过这次访问，我们收集到近 70 位校友的相关信息。这些当年的留学生已成为各个领域的骨干，为自己的祖国做出了重要贡献，这批留学生中不乏佼佼者。他们中部分人的情况如下。

梅有珪：男，1925 年出生，1954—1958 年北京农业大学农经系本科生。回国后在越南经济计划大学工作，先后担任教员、系主任、副校长、校长，1979 年调任越南中央行政经济学院校长，1981 年升任越南教育部副部长直至退休。曾获得抗法三级勋章，抗美一级勋章，一、二、三级劳动勋章，并被授予人民教师荣誉称号。

朱有贵：男，1930 年出生，1955—1959 年北京农业大学农经系本科生。回国后在河内农业大学任教，1964 年至 1966 年赴前苏联读研究生，回国后先后任越共中央书记处和农业部高级专员，越共中央农业办公室副主任，越共中央经济办公室副主任。曾获得抗法三级勋章，抗美二级勋章，越南国家物价事业徽章，国家农村发展事业徽章，越共经济政策事业徽章等。

阮玉黄：男，1954—1958 年北京农业大学农经系本科生。曾担任越南国家土地局副局长。阮玉黄回国后与其大学同班中国同学张奇芬（杭州人）结婚。张奇芬现定居西贡。

瞿春寅：男，1938 年出生，1955—1959 年北京农业大学兽医系本科生，回国后从教，后担任越南河内农业大学校长，博士生导师，退休后曾受聘担任红河大学校长。

范家宁：男，1959—1962 年北京农业大学兽医系本科生，曾担任越南农业部兽医总局局长。

阮春福：男，1937 年出生，1959—1962 年北京农业大学兽医系本科生，曾担任越南农业部兽医总局副局长。

黄麻：男，1963—1967 年北京农业大学兽医系本科生，曾任越南太原农业大学副校长。

阮氏白茶：女，1959—1962年北京农业大学畜牧系本科生，曾任西贡农林大学党委书记、副校长。其丈夫杜诚，20世纪五六十年代曾作为越南政府和胡志明的代表常驻北京，直接联系我国党和国家最高领导人。

文清：男，1960—1965年北京农业大学气象物理系本科生，曾任越南南方气象局局长。

潘敌麟：男，1963—1965年北京农业大学兽医系研究生，曾任越南国家兽医研究院院长。

范明职：男，1963—1967年北京农业大学畜牧系本科生，曾在越共中央经济办公室工作，局级干部。

黎文来：男，1958—1962年北京农机学院本科生，曾任越南农机总局副局长。

潘伯哲：男，1962—1967年北京农机学院本科生，曾任越南农机学校校长。

2005年我校百年校庆之际，梅有珪、黎文来、杨庭源等12位越南校友曾组团回母校参加庆典。当载着越南校友的车行驶经过北京海淀区西苑快到母校时，车上的校友们显得异常激动，有的还情不自禁地流下了眼泪。这批越南校友回到母校后受到了各方面的热情接待，他们参加了在人民大会堂举行的校庆庆典，见到了许多当年的同窗，游览了北京，充分享受了重回母校团聚的幸福时光。

与越南留学生范明职（左一），梅友眭（左二），朱有贵（左四）合影于河内（2004年5月）

（本文写于2014年12月25日）

坎普教授的不幸

1988 年 4 月应弗朗茨 · 米勒（Franz Mueller）教授邀请，我第二次访问联邦德国 Hohenheim 大学植物医学研究所，执行中德合作项目，做合作研究课题，停留四个月。期间，除在实验室工作外，米勒教授也为我安排了一些外出学术参观访问。7 月 20 日米勒夫妇与我一起开车访问位于 Speyer 的农科所。该所所长坎普（Wolfgang Kampe）教授和米勒教授是同行、朋友。途中，米勒教授跟我聊天时开玩笑说："今天中午如果坎普教授请我们吃饭，下午我们接着参观，否则下午我们就打道回府。"

我们一行三人到达后，坎普所长把我们迎进他的办公室。坎普教授个头不高，年龄 60 岁左右，有个很大的啤酒肚。在他的办公室里我们边喝咖啡，边听坎普教授介绍农科所的概况。介绍完毕，他领着我们参观了几个实验室。至中午大约 12 点钟参观结束，坎普教授很直率地对我们说："现在是午饭时间了，我夫人控制我的饮食（他边说边用手指着自己的啤酒肚），我一日只进两餐，中午不吃饭。你们自己可到对面的餐馆用午餐，恕不奉陪。"听完坎普的话，米勒教授和坎普握手道别。我也随之向坎普教授表示感谢，感谢他的接待并欢迎他有机会访问中国，访问北京农业大学。我刚说完，坎普教授就接上我的话说道："谢谢您的邀请！很巧，下个月我打算与夫人随一个旅游团到北京访问，以此方式庆祝我们夫妇结婚 30 周年。如果可能，在北京停留期间我想看一场京剧，访问一个村庄和访问北京农业大学。您能帮我们安排吗？"受礼仪之邦传统文化影响，我当即痛快地答应："没问题，我一定设法满足您这三个愿望。在你到达北京的那一天，如无特殊情况，我会到机场迎接您的。"听了我的回答，坎普教授非常高兴。他说，待行程确定后，立即与我取得联系。

8 月初，我在德停留期满。从斯图加特乘火车到达柏林，准备从柏林乘东德航空公司航班返回北京。到达柏林的第二天一早，我下榻旅馆房间的电话铃响了，是坎普教授的电话。他告知我：他们夫妇俩将于 8 月 22 日上午 10：30 随旅游团飞抵北京机场。

8 月 22 日上午，我手持一束鲜花，在首都机场迎来了坎普夫妇。握手问好后，我向二位出示了 23 日晚在西单长安大戏院的京剧票。我告诉他们："您们长途飞行，一定有些疲劳，今天回宾馆好好休息，明天下午 6：30 至 6：45 我们在长安大戏院门口碰面，我先陪您们在西单附近转转，然后我们一起欣赏 7：30 开演的京剧折子戏。"两位客人一再向我表示感谢，并约定明晚剧院门口见。分手后两位客人随旅游团一起乘大巴前往他们下榻的门头沟龙泉宾馆。

就在坎普教授夫妇到达北京后的第二天下午大约 4 点钟，我校外事办公室主任戴述华同志通知我："刚接龙泉宾馆电话，让转告你：坎普教授今天下午去世了，今晚看京剧的安排取消。"从戴述华主任处我未能得到更详细的有关信息。于是，我立即与龙泉宾馆联系，证实了坎普教授去世的消息，并得知坎普教授病逝于协和医院急诊室。我当即从学校乘出租车赶往位于王府井大街的协和医院。到达医院时已傍晚 6 点多了。急诊室的走廊里只有一位值班护士和正低头托腮坐着的坎普夫人。坎普夫人见到我时，用手向急诊室指了指，顺着她手指的方向，我看到坎普教授的头部和身体已覆盖上白床单。坎普夫人向我简单叙述了坎普教授的发病及抢救过程。当天上午早餐后，他们随宾馆大巴来到天安门广场。大约 11 点钟，正在毛主席纪念堂参观时，坎普教授突感心脏不适，他们立即乘出租车来到协和医院急诊室。在等候就诊过程中，坎普教授感到病情在加重，就用英语向大夫喊道："救救我！救救我！"值班大夫立即跑过来进行处理，发现情况严重，开始组织抢救，大约抢救到下午 1 点多，终于未能挽留住坎普教授的生命。据院方解释，是突发性心脏猝死。这一突如其来的打击让坎普夫人不知所措，他们是第一次来华，在北京既没有亲戚，也没有朋友，旅游团的同胞爱莫能助，眼下只有我这一个熟人。于是，我安慰坎普夫人，我会尽全力帮助她处理坎普教授的后事。我问了坎普夫人的打算，她说想把尸体空运回德国。我向医院方面咨询后得知，尸体空运非常复杂，需做防腐处理，需专门的棺木和运输棺木专用仓位，费用十分昂贵。我帮助夫人将坎普的尸体推到医院太平间后，建议坎普夫人晚上与家人及坎普教授的单位负责人通电话，就后事处理方案好好商量商量。我们约定第二天上午见面后再做决定。

第二天上午坎普夫人与我见面后告知我，经与家人及研究所负责人商量后决定，尸体在北京就地火化，然后携骨灰返回德国。她还告诉我，她想尽快离开这伤心之地。于是，经与医院方面及火葬场联系后，当天上午由我陪同坎普夫人随殡葬车来到东郊火葬场。由于我事先在电话中已向火葬场领导介绍了情况，我们到达后一切非常顺利。坎普教授经化妆后，我陪同坎普夫人向坎普教授作最后的告别。夫人用手轻轻掀开坎普教授面部的白布单后，没有哭泣。她用手摸了摸丈夫的额头，专注、深情地看了丈夫最后一眼，将白布单再次盖住面部，然后离去。

8 月 25 日，也即坎普夫妇到达北京后的第四天，我帮坎普夫人办妥所有有关手续，并到机场为坎普夫人送行。坎普夫人带着丈夫的骨灰，带着无限的悲伤离开北京回国了。这一天离他们夫妇结婚 30 周年还差 3 天。

坎普夫人临行前告诉我，她丈夫来北京前在德国特地找医生做了体检，身体一切正常。坎普先生也没有心脏病史。她还谈到坎普教授去世的前一天晚上洗了桑拿，体力消耗较大。第二天早餐时他食欲很好，当提醒他少吃一点时，坎普教授恳求道："请你让我吃饱吧！"当坎普夫人回忆起这些细节时，自言自语叹道："哎，这一切都是命运的安排！"

坎普夫人回国后不久，我收到米勒教授一封长信。告知我，他参加了坎普教授的追悼会。并说，致悼词的人在悼词中多次提到我的名字，一再表达了对我的感激之情。其后，坎普教授居住地市长也给我寄来了一封感谢信。

两年后的 1990 年 7 月我再次访问德国 Hohenheim 大学，当坎普夫人从米勒教授处得知这一信息后还专程到斯图加特市看望了我，并再次表达了谢意。

（本文写于 2009 年 1 月 30 日）

缅怀舅舅王振华

与舅舅、舅妈合影（1967 年）

（后排左一：表弟王为）

我的外祖父王听轩是安徽太平县人，出身于一个徽商家庭。他有五个子女，三男二女，他们是：王丽华（女）、王振华（男）、王素华（女）、王伟华（男）和王庆华（男）。王素华是我的母亲，王振华是我大舅。

大约在100年前，我的外祖父从皖南到全椒县任职钱粮师爷，举家迁至全椒赤镇集。据说当年的赤镇集比全椒县城繁华，因为他是这一区域的水运主要码头所在地，运粮、运盐和运送其他货物的商船穿梭往来其间，平日常有几百条商船停靠在赤镇的两个码头。

大舅王振华，字健公，1908年8月13日出生在安徽省太平县（现黄山市黄山区），但从童年起直到外出求学前是在全椒县赤镇集度过的。大舅1976年2月4日病逝于陕西省杨凌。生前任西北农学院副院长、教授。

大舅青年时期离开赤镇外出求学，先就读于江苏省苏州中学，于1935年毕业于南京中央大学生物系。1935年10月至1936年8月曾在北平研究院植物研究所短暂工作，师从著名植物学家刘慎鄂教授，任助理研究员。1936年8月至1950年9月在陕西省中国西北植物调查所工作，先后任助理员、副研究员、代理所长、所长。其间从1941年8月至1950年1月还兼任西北农学院副教授、教授、院务委员会委员及植物保护系主任、西北大学植物学教授。新中国成立后曾担任西北农学院教务长，于1956年被国务院总理周恩来任命为西北农学院副院长。他专长于植物分类学，曾任中国植物学会理事，长期从事这一领域的教学和科研工作，多次赴西北地区及秦岭山脉进行科学考察，1957年《人民日报》曾报道过他在我国西北地区考察稀有树木的情况。据说中国科学院植物所还保存有舅舅的早期著作。

大舅早年加入过中国民主同盟、九三学社，为陕西省武功地区民主同盟和九三学社的发起人和负责人。他思想进步，拥护共产党，痛恨国民党反动政府的腐败，曾帮助过西北地区中国共产党地下组织修理电台，装配短波收音机并秘密组织收听延安新华社的广播，支持和帮助进步学生奔赴延安参加革命，临解放时又积极参加地下党组织的护校活动。1949 年 5 月陕西杨凌地区刚解放时，大舅应中国人民解放军驻西北农学院军代表康迪之邀参与了西北农学院的接收工作，新中国成立后被列为解放大西北有功人员，于 1950 年受到西北人民政府的表彰并荣获“解放大西北纪念章”。抗美援朝期间（1952 年），大舅曾担任祖国亲人慰问团西北分团副团长赴朝鲜前线，带领著名秦腔表演艺术家马蓝鱼、作家秦川等冒着枪林弹雨深入到“三八线”慰问中国人民志愿军，圆满完成任务。“文革”前大舅还担任过“九三学社”中央委员和陕西分社负责人，并当选为陕西省人民代表大会代表和陕西省政协委员。1956 年经西北农学院原地下党负责人梁得柱和西北农学院副院长康迪介绍大舅加入中国共产党，除担任行政副院长职务外还被选为校党委委员，负责学校的教学、科研和生产等工作。

大舅生前治学严谨、对工作兢兢业业、办事认真负责、对个人要求很严，在西北农学院教职员工中享有很高的威望。正因为如此，“文革”中没有受到太大的冲击。大舅与我舅妈（张振华，生前也是西北农学院职工）平常生活十分节俭，但帮助生活困难的亲友和同事却非常慷慨。新中国成立后大舅与舅妈长期接济多位亲戚并帮助他们的后代完成学业。在我母亲被错划为“右派分子”并遭开除公职处分后，大舅与舅母按月寄给我生活费保证我完成了中学学业。在我父母1962年去世后，大舅与舅母又按月寄给我两个年幼妹妹的生活费直至我大学毕业。大舅与舅母对我们兄妹三人恩重如山。

大舅1976年去世前，我与他只有过短暂的几次接触。1947年大舅与舅妈从西北回全椒曾到过我家，我刚刚3岁，只有点模糊记忆。我第二次见到大舅与舅妈已是20多年后的1967年夏天了，那时正值“文革”期间，我大学尚未毕业，学校“停课闹革命”，我到西北农学院舅舅、舅妈家住了几天。因舅舅是“当权派”正“靠边站”，舅舅虽每天去上班，但比较清闲。这次舅舅和我有过多次聊天，从聊天中我了解舅舅兴趣广泛。舅舅不仅在植物学领域有很深造诣，他还喜爱国粹京剧，每谈起京剧艺术的流派和唱、念、做、打等话题头头是道。舅舅还会裁剪衣服、装收音机、放电影、修理钟表……以前西北农学院主楼上美国制造的大时钟出了故障都是舅舅去修理。

舅舅和舅妈很关心我们的成长。我读大学期间舅舅曾给我写过几封长信，鼓励我好好学习并关心我的生活。1974年舅舅和舅妈在长子王立陪同下再次回全椒看望亲友，舅舅还专程到我工作的全椒化肥厂参观，他看了这个当年现代化的合成氨厂后非常高兴，鼓励我要好好工作。这也是舅舅最后一次回全椒，这次离开全椒后不到两年，因“文革”时期接受劳动改造的摧残和精神上的压抑，舅舅积劳成疾于1976年2月4日病逝于陕西杨凌西北农学院家中，终年68岁。

舅舅逝世已经30多年了，但舅舅一直活在我们的心中，他是一位聪明睿智、心灵手巧、细致入微、生活俭朴、德高望重的学者和慈祥的长者。

在西农舅舅、舅妈坟前（2005 年 11 月 27 日）

（本文写于 2009 年 9 月 25 日）

怀念米勒教授

米勒教授应邀在安徽农业大学做学术报告

（1988 年 10 月 21 日）

1991年2月16日发生在德国的一场意外交通事故夺去了霍恩海姆大学农药植物药理学家费朗茨·米勒（Franz Mueller）教授的宝贵生命。噩耗传来，我与我的同事们无法接受这一事实。我们为失去了一位真正的朋友和合作伙伴悲痛万分。

在米勒教授去世后的这些日子里，我一次又一次地回忆起了我们多年交往中的许多往事。

我与米勒教授初次见面是在1983年2月底的一个周末。当我由慕尼黑结束德语培训乘火车到达斯图加特市时，出乎我的意料，米勒教授携夫人已等候在站台。在驱车前往学校的途中，教授与夫人关切地问这问那。在我到达斯图加特前，米勒教授已经为我在学校的学生宿舍租好了房间，他们将我送到房间时还留下了为我特地准备的周末食品。初次见面受到的亲切接待使我很快打消了到达前的种种顾虑。

从1983年3月至1984年底，作为一名访问学者，我在米勒教授的农药植物药理实验室度过了近两年的时光。在米勒教授的指导下，我圆满地完成了预定的进修计划。期间，教授还为我多次创造了参加各种国际学术会议及参观访问的机会。生活上我也受到无微不至的关怀。从米勒教授那里我学到的不仅仅是专业技能，他严谨的科学态度，科研组织才能，待人诚恳直爽及助人为乐的精神也使我受益匪浅。

米勒教授对中国怀有深厚的感情。自1981年以来，他曾接待过近百位中国客人。对于来自中国攻读学位的研究生、进修生或访问学者，他总是根据本人要求、专业特长及停留时间长短，通过协商制定详细的计划。

自1980年北京农业大学与霍恩海姆大学建立了校际合作并随后发展为中德两国政府间农业合作关系以来，米勒教授曾先后四次访华。在北京、陕西、广东、广西、江苏、安徽等地多次举行学术报告会。为了推动农药植物药理学这一新的学科在中国的发展，米勒教授曾在我校举办过三次培训班，并帮助在中国出版他的专著《植物药理学》中译本，还积极筹划为我校建立农药植物药理实验室。他利用德国政府援助款项，花费大量时间和精力与德国和美国多家仪器公司接洽谈判，为我校购置了价值数十万马克的设备。为了筹建实验室，1986 年 9 月米勒教授第二次访华。一下飞机立即赶到学校查看设备到货情况，第二天即进入实验室，每天工作十多个小时，中午只在实验室简单用餐。工作中从搬运到开箱，从设备布局设计到仪器安装调试，事无巨细他都亲自动手。米勒夫人也自始至终自愿充当助手。由于中方同事们的密切配合，仅用了一周时间，一个装备现代化的农药植物药理实验室建成了。米勒教授又不顾疲劳，紧接着在新落成的实验室内为我校 5 个专业的十几位研究生举办了为期一周的农药植物药理实验技术培训班。

1988 年与 1990 年米勒教授两次访华期间，除了讲学，他还深入到我国黄淮地区实地考察农作物病虫害化学防治方面的情况，为制定新的合作计划搜集第一手资料。1990 年访华期间，他与合作项目中方成员不仅认真总结了第一期五年合作在中国华北地区主要农作物病虫害综合防治方面所取得的成果，而且又详细讨论并制定了第二个五年合作计划。正当我们卓有成效的合作进入一个新的起点的时候，米勒教授不幸逝世，这给我们的合作事业带来了巨大的损失。

使我们十分感动的是，米勒夫人在失去丈夫最悲痛的日子里，还一直惦念着米勒教授生前所倾心的中德合作事业的继续。在米勒教授去世后不久米勒夫人给我的来信中写道：“霍恩海姆大学校方已决定，弗朗茨生前主持的中德合作项目将继续下去。这一决定给了我莫大的宽慰……”夫人在信中还写道：“我将在弗朗茨的墓地栽上一棵中国的银杏树，以表示我丈夫对中国的热爱。”

为了表彰米勒教授生前为中德友谊所做的贡献，由我国农业部教育司司长、中德 CIBA 合作项目中方总代表毛达如教授主持召开的中方项目委员会会议上做出决定：在北京农业大学农药植物药理实验室内为米勒教授制作一块纪念牌，以示永恒的纪念。

安息吧！米勒教授。

米勒教授和夫人在斯图加特车站迎接我（1983 年 2 月）

生日 party（1983 年）

中德合作 CIAD-3 项目组成员（1988 年）

（左起：钱传范，江树人，沈其益，米勒，米勒夫人，曾士迈，李庆基，李京玉）

米勒教授纪念牌揭幕式（1991 年 11 月）

石元春校长和米勒夫人共同揭牌（1991 年 11 月）

与米勒夫人合影于米勒教授纪念牌前（1991 年 11 月）

（本文 1991 年发表于《人民日报（海外版）》）

缅怀杰出的华裔科学家杨向中教授

中国农业高校校长代表团与杨向中教授及家人合影于杨家的后院（1998年5月）

（从左至右：江树人，程序，杨父，杨母，向仲怀，杨向中，杨向中夫人，翟虎渠，刘长江）

世界著名的动物克隆专家、中国农业大学杰出校友、美国康涅狄格大学杨向中教授在与癌症顽强地抗争了10年后，带着对亲人的无限眷恋，带着对生活的无限热爱，带着对如日中天事业的未尽追求于2009年2月5日离开了这个世界。我为失去了一个杰出校友和朋友而感到万分悲痛！

杨向中教授1959年出生于河北省魏县的农村，中学毕业后当过农民，做过兽医。“文革”结束恢复高考后于1977年考入北京农业大学，大学毕业后赴美国留学，1990年获美国康奈尔大学博士学位。其后在该校工作数年，于1996年转赴康涅狄格大学任教。1999年以杨向中为首的研究小组利用一头13岁高龄母牛耳部细胞克隆出小牛艾米。这是在美国本土诞生的第一例克隆牛。这一成果不仅奠定了他在美国动物科学界的地位，也使他成为世界动物克隆领域的佼佼者。2001年他领导创立了康涅狄格大学再生生物学中心。2006年杨向中和他的研究团队又首次证明：分化细胞可用于动物克隆，其效率可以优于成体干细胞。这一成果再次引起轰动。

我与杨向中教授相识于1998年。当年5月我随中国农业院校校长代表团访美，在访问康涅狄格大学时杨向中教授热情接待了我们一行，向我们介绍了他的研究工作，陪同我们参观了动物科学系的一些实验室和畜牧场。在参观中他的系主任向我们介绍说，自从杨向中到该系工作后，该系的科研经费增长速度很快。当时他还不到40岁，研究工作已相当出色。参观的当天晚上他还在家中宴请了我们，并邀请了一些美国朋友作陪。在他的家中我们还见到了他的夫人田秀春（原北京农业大学校友），10岁左右的儿子和他的父母亲。聊天中杨向中向我们讲了这样一件事，给我印象很深。杨向中的儿子是在美国出生的，为了让儿子学习中文，爷爷特地从国内找了一本小学语文课本，第一课是“我爱北京天安门”。孩子不解地问：“我可以爱爸爸、妈妈、爷爷、奶奶，我为什么要爱天安门？”面对这一提问，家长们难以给孩子一个令他信服的回答。

2001年我代表中国农业大学赴美国，与加州大学河边分校校长共同主持中美农业教育与科技会议。会后应杨向中教授邀请再次访问了康涅狄格大学。这次他特地领着我参观了他的克隆牛艾米，并饶有兴趣地谈起了他的研究工作及与国内合作的想法。当时他已做了癌症手术，但他仍然在勤奋地工作。

后来，他每年多次往返于美国和中国，为用胚胎工程技术加速中国奶牛品种改造奔忙。他的计划得到国务院领导和农业部领导的大力支持，温家宝总理曾亲自接见他并关心他的病情，温总理还知道他已经历了多次癌症手术。两年前他出差北京期间，有一天我们共进午餐时，他告知我他的面部一侧由于多次手术已完全丧失知觉，上下唇之间只能开启1公分左右，吃饭比较困难。即使在这样的情况下他仍然没有放弃工作，没有放弃为中国奶牛品种改造努力。

杨向中教授一直十分关心为祖国培养人才。十多年前他在美国发起成立了“中国桥”，利用这一组织筹集经费为中国培养人才。他的实验室就曾接受中国访问学者并培养了多名中国博士生。杨向中教授对这些来自祖国的学子各方面都关怀备至。

杨向中教授是一位非常朴实，待人热情诚恳，工作勤奋，成就辉煌的科学家。正如他的秘书费莉丝·霍维斯女士对他的评价“杰出的科学家、一个好人、一个值得为之工作的好领导”。

我为这样一位校友和朋友而自豪！

向中教授安息吧！

（本文写于 2009 年 2 月 9 日）

与庄则栋的两次近距离接触

与庄则栋夫妇合影（2009 年 8 月 19 日）

在与病魔抗争多年后，乒坛传奇人物庄则栋先生不幸于2013年2月10日在北京病故。

庄则栋先生曾是我们这一代人心目中的英雄，因为他曾连续三次蝉联世乒赛冠军，并多次荣获国内比赛冠军。据说，他所创下的辉煌至今无人能及。

我对庄则栋的敬仰不仅是因为他的球技高超，多次为国争光，更主要的是缘于1965年记者张彩珍的一篇有关中国乒乓球队的长篇报告文学。这篇长文中对中国男队几位主力队员徐寅生、李富荣、张燮林等都有赞美的描述，但唯独有关庄则栋的文字留给我的印象更深。在张彩珍的笔下，庄则栋在球场上的精湛球技和老虎一样的拼搏精神，以及场下的朴实憨厚品德让我对他钟爱有加。

我与庄则栋先生曾有过两次近距离接触。第一次是1967年6月的一天，当时正值"文化大革命"期间。为了庆祝原北京农业大学革命委员会的诞生，中国乒乓球队应邀来学校访问。来访的男队员有庄则栋、张燮林等，女队员有狄蔷华、梁丽珍等。他们在学生二餐厅进行了表演赛和友谊赛，当时我是现场观众。我记得友谊赛中庄则栋对阵我校乒乓高手植保系杨奇华老师，由狄蔷华担任裁判。开赛前，狄蔷华对庄则栋说道："庄则栋让10个球，从10：0开始。"庄则栋笑着回答："好！"比赛结果杨奇华老师胜出，我估计是憨厚的庄则栋出于礼貌手下留了情。

我与庄则栋先生的第二次接触是2009年8月27日。经庄小健同志联系，庄则栋夫妇应我的邀请到北京吉利大学访问。在我的办公室我们交谈了很久，其后他为师生们做了一场报告。介绍了他的乒乓生涯，所经历的政治挫折、生活的坎坷以及和病魔抗争的感受。他虽已 70 高龄并经历了多次癌症手术，但在整个报告过程中他自始至终精神饱满、声音洪亮、充满激情。他的报告深深地感染了我和台下的听众。也让我对他有了更深的了解。这次会见我们的合影以及他为我留下的墨迹将成为永恒的纪念。

庄则栋先生为我国的乒乓事业以及乒乓外交所做的贡献永垂不朽！

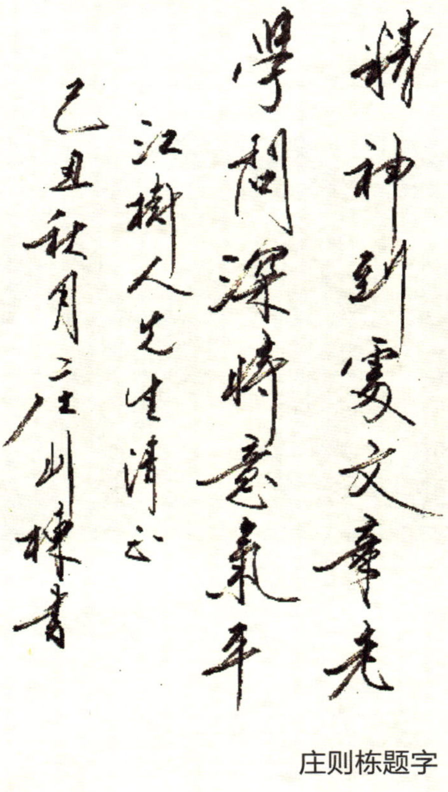

庄则栋题字

（本文写于 2013 年 2 月 18 日）

我与德文半个多世纪的友情

全椒在京的几位大学生合影（1964 年 10 月 2 日）

（前排左起：陈芳，陈炳霞，江树人；后排左起：秦德文，蔡木森，童万春，谢庆奎）

我与秦德文相识于1956年，那时我刚12岁。这一年我们俩同时考入全椒中学，分在一个班，有段时间我们同坐在一张课桌，冬天为了御寒我们两位穷学生合铺，两人同睡在一张床上。记得当年每当全椒中学老工友张三爷敲响上课的钟声时，我与德文在入座前有时会互开玩笑说道："秦大人请！""江大人请！"课间休息时，我们常在教室外以"斗机"取乐。所谓"斗机"即将一只腿盘到另一只腿的膝盖上部，用双手固定住，另一只腿在跳动中与对方互相冲撞。

德文初中阶段不仅学习成绩优秀、字写得漂亮，而且对政治问题也表现出了很大的兴趣。他常常在班上为大家读报，偶尔还会在黑板上将中国共产党中央委员会的百名左右委员名单默写出。50多年前的一个初中生怎么会对中央委员名单感兴趣呢？似乎难以想象，但仔细一想，德文高中阶段的坎坷、高中毕业后报考北京大学政治系、北大毕业后从政并官至省部级，真正成了"秦大人"这一系列的人生轨迹恰恰印证了德文从小即显露出政治方面的天赋。

初中阶段我与德文除了一起学习外，还一起从事过勤工俭学活动，如钓泥鳅、打芦蒿等。因德文从小在农村长大，这方面比我们有经验。我们钓泥鳅小组的工具制作、水田下钓及起钓都是在他的指导下完成的。我记得起钓时盛泥鳅的木盆就是德文的洗脸盆。我们班同学集体去荒草圩打芦蒿也是由德文带领，因他家就在荒草圩附近，当晚就住在了他家。

升入高中后我与德文没有分在同一个班。上高中后不久德文就因给中共中央写信反映全椒县农村严重缺粮和干部作风等问题而遭开除学籍。详细情况已记述在前面的"反动学生"一文中。据德文回忆，在他被开除回乡监督劳动期间，很多过去的亲朋好友怕受连累对他都避之不及。一次他进县城，在他饥饿难耐之时，我从家中拿了点面粉在街上摊位加工后让其充饥，几十年来德文常在同学和朋友中提及此事。

在德文被开除回乡一年后，国家政治形势有了变化，德文的问题获重新处理后被召回全椒中学继续学习。虽然回到了学校，但损失了一年的光阴。德文重回课堂后刻苦学习，加之天资聪明，依然是同学中的佼佼者。1962 年我成为全椒中学建校以来第一个直接考入北京国家重点大学的学生，这对德文是一个很大的鼓舞。我到北京就读后的第一年与德文一直保持通信联系，希望他在来年也能考入北京。这不仅是德文与我的愿望，也是全椒中学邓校长和老师们的期望。1963 年夏，德文靠自己的努力和才华如愿以偿考入北京大学政治系，得知这一消息后别提我有多么高兴！我不仅为德文的成功高兴，也为我们今后可以经常见面而兴奋不已。德文进京后不久，我们俩在天安门广场有一张合影，当时想到我们两位来自一个小县城的穷学生、好朋友能先后考到北京读大学，并在天安门广场合影留念，真是感慨万千，仿佛是在梦中！

因北京大学与北京农业大学相距不过 5 公里，德文入读北京大学后，我们经常相互往来。我们两个人宿舍的其他同学与我们也都彼此非常熟识，甚至连绰号都知道。至“文革”开始前，全椒县在北京读大学的学生人数已近 10 位，我们偶尔也有聚会，北京师范大学的陈炳霞，北京大学秦德文、蔡木森、谢庆奎，北京政法大学的童万春、陈芳、蔡建华等就曾一起到我处聚会过。我们几位全椒籍学生也曾应邀到北京大学全椒籍教授周先庚先生家做过客。

“文革”期间，北京大学两派斗得很激烈，校园内时有武斗发生。为了安全德文离开北大，到我处“落户”，就住在北京农业大学我的宿舍。德文每日到我校图书馆读书，他读的书有《鲁迅全集》等。午饭后我俩常到畜牧楼的乒乓球室打球取乐，虽然我俩球技不行，但打得很卖力，也很认真。光着脚丫子打，并在黑板上记下对局数和结果，为了一个争议球还时有争吵，有时一次连战二十多局，杀得天昏地暗。日后与德文聊起这段岁月的生活都颇感留恋。

德文1968年从北京大学毕业时正值“文革”高潮时期，国家要求大学毕业生四个面向，即面向边疆、面向基层、面向工厂、面向农村。在此大的背景下，德文被分配到安徽省怀远县农坑集农场接受“再教育”。这是一个解放军生产建设兵团农场，在此接受“再教育”的还有来自全国其他一些高校的毕业生。德文的实干精神和才华很快得到农场领导的赏识，后来德文在农坑集农场相继被提拔为副场长和场长。1973年我从全椒化肥厂去河南许昌出差曾特意路过农坑集到德文的家中小坐了一会儿。在德文家中，我第一次见到了他的夫人孙桂英。我在全椒化肥厂工作期间，德文也曾到我家拜访过。

20世纪80年代初，邓小平同志主政后采取了一系列改革开放的措施，其中包括提拔使用年轻干部。1983年德文被提拔到安徽省农垦总公司（即原农垦厅）担任副总经理。他到任后不久，我们见面谈到他的提拔任用时，曾一起分析原因有如下几条：大环境变了，国家需要提拔新人；有十多年“农场主”的经历与经验；此外，一不贪污、二不腐化；名牌大学毕业加上良好的群众基础。上述因素使德文作为优秀年轻干部被提拔使用。在省农垦总公司副总经理任上，德文的工作一直很顺利，也得到了上上下下各方面的认可，后来德文任公司的代总经理有一年多时间，大家都认为德文正式转任总经理应是顺理成章的事情了。谁知就在这关键时刻，德文在一次会议上当众顶撞了一位省领导，其后，省里很快向农垦总公司派来了一位总经理。这样，德文在副总经理位置上又继续工作了多年。

在德文副总经理任上，我曾于1986年陪同我的德国导师米勒教授夫妇访问安徽，其间德文亲自安排接待。在合肥的活动结束后，德文派了公司农业处处长陆康达陪同我们在省内考察了普济圩农场、敬亭山茶场等。1989年暑假，德文还邀请我们全家和福建省委宣传部副部长兼《福建日报》总编辑黄诗筠一家游览九华山与黄山，并亲自全程陪同，一路上我们谈天论地，非常尽兴。

1991年年初，德文被省委提拔出任安徽省阜阳地区专员。1992年我与北京农业大学王象坤教授、原安徽省省长王郁昭、七机部原副部长王文渊、农业部原副部长刘培之等应邀一起访问阜阳，受到德文及他的搭档阜阳地委书记王昭耀的热情接待。除了参观旱稻试验项目外，还参观了老子故里、亳县古井酒厂、亳县中草药集贸市场等。在阜阳地区任专员数年后，德文接替王昭耀出任地委书记。

德文在阜阳工作至1995年，调任安徽省委统战部部长一职。1997年德文升任安徽省政协副主席，几年后任常务副主席。2001年春节我们夫妇俩应邀到安徽访问，大年初一晚上，省委书记王太华代表省委和省政府在“稻香楼”宴请几位返乡的安徽籍客人，除我们夫妇俩外，应邀的客人还有李克强（时任辽宁省委书记）、乔传秀（浙江省委副书记）、蔡其华（长江水利委员会主任）等共6位，大家围着一张大圆桌落座。在座的还有省人大主任孟富林、省政协主席方兆祥、常务副省长张平，省纪委书记杨多良等，德文也在座。宴会开始时王太华书记发表了热情洋溢的祝酒词。随后王书记走到我们夫妇跟前敬酒时说道："江校长，听说您与德文同志是老同学，德文是位好同志，道德文章俱佳……"听了王书记对德文的评价我非常高兴。事实也证明，王太华同志对德文的评价是恰如其分的。就在这次宴会后不几年，曾与德文一起工作过的，并且都担任过阜阳地委书记的两位安徽省级领导，作为德文前任的那位被判死缓，作为德文继任者的另一位被执行死刑。在这样的一个背景下，德文在官场上官至省部级直至退休能做到善终凭的是本领、靠的是人品。

德文曾是全国人大代表和全国政协委员，他每年来京参加两会或出差北京，总要安排老同学和老朋友一起聚聚。参加聚会的除了全椒籍的几位老同学外，还有北京大学原国际政治系的以及曾在农坑集农场一起劳动锻炼的几位老朋友。德文是位很重情义的人。

德文与我是同乡、同学和朋友。

与德文合影于安徽滁州市（2009年）

（本文写于2009年3月23日）

天安门广场的第二次合影

与德文合影于天安门广场（1963 年 12 月）

1962年我从家乡安徽省全椒县考到北京读大学。翌年，我的中学同窗好友秦德文考入北京大学。在德文入学后不久的一个周末，我们相约来到天安门广场，在西华表下留下了一张合影。几十年来，这张合影一直被我们各自珍藏，因为它是我们青春和友谊的见证。

时间逝去的如此之快，不觉已过去了47年。如今我们都已退休，前段时间我头脑中突然闪过一个念头，啥时候德文来京，我们到天安门广场47年前合影的同一地点再次合影留作纪念应是件挺有意思的事情。我将此想法用短信发给德文，立即收到他的回复："一定尽快玉成此事！"

本月初，德文应北京大学校友之邀进京。出发前他发来短信，要我趁他此次在京期间安排时间去完成我们的"天安门广场第二次合影"。8月5日上午，热心玉成此事的北京大学赵成根教授开车将我们接到天安门广场并担当起了摄影师。我特地带去了47年前的合影照，与赵教授拿着相机和老照片在广场上寻觅，试图在取景框中找到与当年完全一样的背景。很遗憾，相机中始终无法重现当年的背景。我们分析，当年我们照相所站的位置可能正是现在的广场马路中间，现在已成车辆通道，行人是不允许进入的，只能作罢。我们只好选择几处相似的景点，实现了我们47年后在天安门广场的第二次合影。

与德文在天安门广场的第二次合影（2009 年 8 月 5 日）

（本文写于 2010 年 8 月 13 日）

与陈云林在德国相聚

与大学同班同学陈云林合影于德国歌德墓旁

（1990 年 7 月 29 日）

应米勒教授邀请，我 1990 年 7 月 4 日乘国际列车从北京出发，途经半个月到达德国斯图加特市 Hohenheim 大学。到校几天后，收到黑龙江省驻德国办事处主任王力同志发来的传真，告知陈云林率黑龙江省代表团将于 7 月 28 日抵达德国访问，云林希望能与我在德国见见面。云林时任黑龙江省常务副省长。

云林原名陈云麟，大学毕业后改名陈云林，他年长我三岁，我们从 1963 年至 1968 年在北京农业大学同窗五年。实际上，云林早我一年，于 1961 年由辽宁省考入北京农业大学土壤农业化学系农药专业就读。1962 年因照顾生病的母亲休学一年，于 1963 年转入我们 1962 年入学的班继续学业。

学生时代，云林除学习成绩优良外，还显现出多方面的才华。他写得一手漂亮的钢笔字；爱好文学，学生时代就发表过诗作；擅长朗诵，多次登台表演；云林也是体育运动佼佼者，大学时代是我校足球队一号守门员。

无论是在大学读书期间，还是在大学毕业之后的几十年里，他一直像兄长一样关怀我，也关怀着我的孩子。记得 1968 年冬，我在天津郊区军粮城山岭子 4568 部队农场接受“再教育”期间，云林曾利用出差机会专程乘车到军粮城，并冒着严冬步行近 20 里路到农场看望我。我的小儿子在哈尔滨读大学的 4 年期间，也一直得到云林夫妇无微不至的关怀……云林是我的同学、朋友和兄长。

能在德国与云林相聚当然是个难得的机会。7 月 28 日中国留学生袁燕平开车送我到达位于 Badsoden 的黑龙江省驻德国办事处。办事处工作人员按云林的意见将我们俩安排同住一个房间。晚饭后我们一起游览了夜色下的福兰克福市，回来后我们躺在床上聊至深夜。第二天上午我们又一起游览了海德堡市的名胜并留下了许多我们在异国他乡的合影。

陈云林同志简历

1941 年 12 月生，辽宁黑山人。1966 年 5 月加入中国共产党。1967 年毕业于北京农业大学土壤化学系。历任齐齐哈尔市榆村屯化工厂技术员、主任、党支部副书记、党委委员、革委会副主任、厂党委副书记、副厂长、厂长。1981 年起任齐齐哈尔市计委主任、市委常委。1983 年任齐齐哈尔市市长、市委副书记。1984 年调往哈尔滨，历任黑龙江省委副书记，省经济体制改革委员会主任。1987 年起任黑龙江省副省长、省委副书记。1993 年 1 月在黑龙江省人大第八届一次会议上当选为黑龙江省副省长，同年 5 月在中共黑龙江省委第七届一次会议上当选为第七届中共黑龙江省委常委。1994 年 1 月辞去副省长职务。同年起任国务院台湾事务办公室副主任。1997 年 1 月任国务院台湾事务办公室主任。是中共十三大代表、十四届中央候补委员、十五届中央委员。

2008 年 6 月 3 日在人民大会堂召开的海协会第二届理事会第一次会议上陈云林被推举为海协会会长，并于 2008 年 11 月 3 日至 7 日率团访问台湾，实现了开创历史的访问。

与云林碰杯（2010年12月8日）

（本文写于2009年4月27日）

江家亲人聚会

江家人合影于全椒神山寺（2009 年 3 月 28 日）

我这一辈的江家兄弟姐妹们早就有个共同的愿望，有朝一日大家能在家乡团聚一次。因为几十年来大家天各一方，虽互有联系，由于种种原因很多人几十年都未曾谋面。我辈中大姐早已故去，二姐也已 90 岁高龄，大哥身体虽好，但也年届 80 岁了，大家都有一种聚会的紧迫感。于是今年年初，在大哥树声和四姐树政的倡导下，八弟树基的联络和运作下，大家相约 3 月 27 日在家乡全椒县城相聚。

3 月 27 日晚来自北京、上海、南昌及省内和本县的亲人共 46 位齐聚在全椒县城笔峰饭店。这其中包括我的上辈中仅存的两位叔叔，即九叔和十二叔。九叔江元涛已 92 岁高龄，是江家年龄最大的寿星。十二叔江元镒 79 岁，从北京专程赶回。我的七位姑妈尚有 4 位健在，这次聚会五姑（85 岁）和七姑（77 岁）到场。我辈兄弟姐妹共 21 人，除去过世的 4 位应到 17 位，实到 10 位。多年未见的二姐树楠，虽 90 岁高龄，但身体硬朗，思维敏捷。她见到这么多亲人相聚，高兴得像个孩子一样。参加聚会的还有几位表姊妹及我这一辈的下一代多位，46 位亲人围着三张大圆桌落座。晚宴开始前，九叔、十二叔二位长者讲了话。大哥代表我辈讲话并读了他写的诗作。此时此刻大家品味的已不再是桌上的美味佳肴，而是亲情和百感交集。

按原定计划，3 月 28 日大家集体出游。但天气状况一直是我们所担心的。27 日还下着小雨，预报 28 日是小雨转阴。因参加聚会的亲人中仍有上班族，所以聚会的时间特地安排在周末，时间不可能更改，只能请大家按各自的身体状况和自愿原则参加 28 日的出游。

28 日上午 8：30 参加出游的 28 位亲人在笔锋饭店的门口

大院内集中后乘上一辆租赁来的大轿车出发，年龄最长者是85岁的五姑，还有七姑及十二叔共3位长辈与我们一起出游。出发不久，天气开始转晴，天公太作美了！一路上看着车窗外明媚的春光，听着车内亲人们发自内心的欢声笑语，我们大家，特别是几位长辈感慨万千。坐在前排的十二叔告诉我，他今天非常非常开心，这开心是多年未曾有过的。

这一天大家游了全椒县境内的神山寺、黄栗树水库等名胜，每一处景点我都用相机记录下了亲人们相聚的珍贵镜头。中午在家乡亲友推荐的周家岗饭店用餐。周家岗饭店果真名不虚传，在这家饭店我们品尝了地道的家乡饭菜。饭桌上的水芹炒肉丝，红烧大鱼头，泥鳅挂面，烧野兔，蒸咸肉，柴鸡汤，还有几道素菜都是真正的绿色食品，可谓色、香、味俱全。泥鳅挂面味道鲜美，漂着黄色油珠的柴鸡汤泡上米饭锅巴又香又鲜又脆，那蒸咸肉看起来很肥，但一点不腻且非常之香……总之，桌上的每一道菜都让我们大饱口福。在北京已生活了五十多年的十二叔感叹道：在北京的大饭店花再多的钱也吃不到这样的美味佳肴！

由于亲人中仍有上班族，我们的集体活动28日晚结束。短暂的相聚让我再次感受了亲情的珍贵，短暂的相聚也在我的脑海中留下了许多美好的记忆。

衷心祝福亲人们健康快乐！期盼着下一次的再相逢！

江家人集体出游

三姐妹合影

（左起：江树芳，江树政，江树萍）

三妯娌合影

（左起：鲁海霞，汪继莹，李小丹）

（本文写于 2009 年 4 月 10 日）

外公家亲人聚会

禾富宾馆门前合影（2009 年 9 月 19 日）

2009年9月18日至20日来自四川、湖北、河南、安徽、北京和上海的外公家40多位亲人相聚全椒，这是我外祖父王听轩先生的后人自新中国成立以来的第一次聚会。几十年来大家天各一方，虽偶有联系，但很多人已多年不见，年轻一代更是互不相识。我辈中大多年事已高，其中两位老表已年过八十，大家都有一种相聚的愿望和紧迫感，所以在全椒聚会的建议一经王全表哥提出，立即得到大家的积极响应。

9月18日晚各路人马齐聚全椒县禾富宾馆，晚宴时大家围着四张大圆桌落座，年轻的一代们虽初次见面，但陌生感瞬间即被亲情所融化，他们的欢声笑语和豪饮一直持续到深夜。

第二天上午大家乘着租赁来的大轿车直奔赤镇，因为这里曾是外祖父年轻时离开皖南太平县老家北上创业的地方。当年的赤镇是这一地区重要的水运码头所在地，其繁华程度远胜过全椒县城。外祖父在此做过盐商，经营有成，置了房产和田地并养育了五个子女（三男两女）。外祖父是位有远见的开明徽商，不仅懂得经商之道，也重视子女教育，他将我的大舅王振华、四舅王伟华和我母亲王素华分别送到苏州和合肥求学。大舅后来学有所成，成为植物分类学家和西北农学院副院长。我的大姨王丽华和老舅王庆华则一直留在赤镇家中。大姨、四舅和老舅三家十多个孩子，他们的童年时光都是在赤镇度过的，我上辈中仍健在的老舅夫妇，大姨的长子黄顺南一家现今仍住在镇上。所以赤镇是我们此次聚会必去之地和行程中的第一站。到达赤镇后，我们一行先到大表哥黄顺南家，然后由顺南表兄夫妇做向导带着我们寻访了当年的水运码头，再沿着赤镇老街找到了当年外祖父的故居所在地，如今在这条老街上虽然当年的繁华已不再现，但从许多临街房屋仍然保留的活动门板及多处外墙上残存的锈迹斑斑的拴马圈仍可想象出当年街市的繁华景象。在这条老街上霞玲表姐还碰到了她六十年前的小学同学，给了她一个意外的惊喜。沿着老街由南往北走到街的尽头拐弯处即到了老舅家，老舅已92岁高龄，身体硬朗，老舅妈也高寿88岁了。两位老人见到王家如此多的晚辈来访非常高兴，王立表兄代表大家向二老表达了祝福和心意，晚辈们还给两位长辈鞠躬致敬。离开老舅家已是午饭时间。由顺南表兄夫妇邀请大家在镇上饭店品尝了赤镇特色菜肴，当天正巧逢顺芝表兄80岁生日，顺南表兄的二女儿黄德秀特地为她叔叔的生日庆典定制了一个大蛋糕，生日蜡烛点亮后，大家一起拍手为顺芝表哥唱起了“生日快乐”的祝福歌，92岁的老舅还即兴为大家献上了京剧麒派唱段，字正腔圆赢得晚辈们一阵喝彩，庆典的气氛也一下达到了高潮。顺芝表兄性格内向、不善言辞，但我确信那一刻他的内心一定是十分不平静的。生日庆典中还出现了一个小插曲，当激动的王立表兄起身为寿星拍照时，一不留神重重地摔倒在地，所幸这位老兄肚大腰圆，首先着地的大肚子起到了“防震减灾”作用，毫发未伤，让众人虚惊一场。

午后离开赤镇，我们一行来到了几十里外山清水秀的全椒黄栗树水库。在这儿大家纷纷以水库和大堤的草坪为背景，变换着各种组合（全体或以夫妇、家庭、同辈、同属……）拍照留念。在拍照过程中王立表兄的导演艺术才干和幽默得到了充分地展示，他不仅率先垂范与董丽表嫂做出各种年轻浪漫情侣的两人照姿势，还愣是让80多岁的顺南表兄夫妇也浪漫了一回，王立表兄的精彩表演和导演让大家几乎笑破了肚皮！离开黄栗树水库已近傍晚，在我的推荐下我们一行在周家岗大酒店享用了地道的家乡菜。

20日上午顺南表兄的女儿德秀和树芹的大女儿孙玲作为东道主，安排我们游览了著名的风景名胜醉翁亭和琅琊寺，中午德秀和扩建夫妇设宴招待。

20日下午我们集体活动结束，大家带着浓浓的亲情和乡情陆陆陆续续离开全椒踏上了归途。

王立表兄夫妇情侣示范照

乘车出游

游览赤镇老街

后辈风采

黄栗树水库合影

老舅王庆华夫妇

水库上休息

（本文写于2009年11月16日）

我们的根在全椒

江家亲人合影（2012 年 4 月 2 日）

近些年每逢清明节，江家大院的后代们会不约而同地从全国各地返回故乡全椒。一则为故去的亲人扫墓，二则可借此机会大家团聚一番。亲人们每聚到一起，总会沉浸在浓浓的亲情之中，欢声笑语话家常、对逝去往事的追忆、对故去亲人的怀念、对江家老宅的寻访……我相信这承载着亲情与乡情的团聚会不断地延续下去，因为回家的感觉真好！

今年清明节期间，来自北京、上海、福州、乌鲁木齐、温州、三门峡、合肥、桐城、淮北、滁州等地的40多位江家亲友又一次相聚全椒。各家分头扫墓之后，4月2日齐聚全椒斩龙岗公墓墓地，为我的二伯父和二妈的新坟举行了隆重的封墓祭奠仪式。

我的二伯父江元復（1906—1935）是江家老大房的次子，在江家同辈兄弟中行二。二伯父生前在家乡任教，因病于29岁时去世，留下了我的二妈鲁有晴（1908—1964）和两个年幼的儿子，二哥树铭年仅3岁，三哥树诒刚刚出生3个月。二伯父因去世早，我没有印象。我小时候与二妈接触较多，我们家曾借住过二妈的一间厢房，我读小学时，因二哥与三哥已外出读书，我经常陪伴二妈，二妈给两个儿子的家信都是由我执笔。每逢二妈让我写信时，我俩总是坐在一个小桌旁，她会为我准备好一张纸、一个铅笔头和一块奖励我的糖果。二妈边抽着香烟边想着要写的内容，她说一句我写一句，信中常有“我的儿”，“我的乖”这些透着母爱的话语。二妈抽烟时烟雾从不吐出，而是吞咽下去，唯恐吐出去浪费了可惜。二妈也曾领着我一起到农村捡过麦穗和山芋（白薯）。二妈是一位普通的家庭妇女，失去丈夫后独自抚养两个孩子的艰辛可想而知。在我的记忆中，二妈平日生活极其节俭，很能吃苦。1949年以后二妈曾在娘家亲戚家中当过保姆，那是一个有十多口人的大家庭，洗衣、做饭、带孩子，家务十分繁重，亲戚家只管二妈吃饭，没有工钱。二妈默默地承受着生活的艰辛，将全部希望寄托于对两个儿子的抚育和培养。二哥与三哥没有辜负二妈的期盼，他们在艰苦的条件下完成了各自的学业，二哥树铭 1957 年毕业于华东师范大学教育系，后来担任安徽凤阳师范校长，在任期间被评为全国教育系统劳动模范并荣获全国优秀教师奖章。三哥树诒 1955 年毕业于合肥医士学校，曾任过怀远和桐城省荣军疗养院副院长。由于常年的劳累、加上家族高血压遗传病史，在二哥和三哥参加工作后不久二妈因中风而病倒，这期间正逢中国 1960—1962 年三年困难时期，这对重病在身的二妈无异于雪上加霜，二妈不幸于 1964 年病故于异乡，终年 56 岁。

如今，二哥与三哥及他们的儿女辈都已事业有成，二伯和二妈应可含笑九泉。为二伯和二妈在家乡建坟修墓不仅是二哥、三哥及孙辈们的愿望，也是江家人的共同心愿。这一愿望在二妈的长孙江艺与吴爱平夫妇去年回全椒一趟后变得更加强烈，江艺出生在安徽怀远，完成学业在武汉，工作在福州。他事业很有成就（已是著名的肝胆外科专家），家庭也幸福美满。多年来无论是回怀远或桐城探亲，心底总有一种这两个地方不是自己真正家的感觉。去年江艺夫妇出差南京，特地到全椒看了看，这是他们第一次回故乡。对江家大院老宅的寻访，江家亲友的热情接待让他们突然间有了真正回家的感觉，这里才是江家根的所在啊！这种感觉让他们兴奋不已，于是他们决定在老家为爷爷奶奶建坟修墓，今后借扫墓可常回家看看。这件事得到二哥、三哥和全椒江家亲人们的一致支持。经过江艺夫妇的一番筹备和江家在全椒亲人树芹夫妇及他们的女儿孙莉的全力协助下，最终在斩龙岗公墓买下墓地，并决定在今年清明节期间的 4 月 2 日举行封墓和祭奠仪式。

4 月 2 日早饭后，江家 40 多人在香河国际大酒店集合，分乘 9 部小车向斩龙岗墓地出发。这其中也包括江家最年长者，已高寿 96 岁的九叔江元涛，还有 87 岁的五姑江祥龄。长长的车队在经过江家大院门前时，下车举行了奠祭仪式，并瞻仰了二伯、二妈的故居，放了很多鞭炮。在故居的祭奠仪式结束后车队继续前进，9 点多钟到达墓地，精心设计的二伯与二妈的墓碑上镶嵌两位长者的瓷像，刻写着他们的生卒时间和儿孙们的名字。江家亲友送的花篮和花圈布满了墓碑四周。在震耳的鞭炮声中举行了封墓和奠祭仪式，在三哥、三嫂及孙辈江艺与吴爱平夫妇、江洁夫妇、江源行拜祭礼后，参加仪式的江家其他成员分别以家庭为单位在墓前跪拜，年长的九叔和五姑也在墓前鞠躬。按照习俗，大家还在墓前烧了纸钱和冥币。

在斩龙岗公墓墓地，还葬有二伯的三弟江元煦、四弟江元熙、六弟江元善三对夫妇和十一弟江元帧，大姐江菊仙夫妇以及二伯和二妈的五妹婿汪友柏、七妹婿黄业炬，侄儿江树春等十多位江家的亲人。想必二伯与二妈在此安息不会感到孤单。

二伯与二妈的长子，远在新疆的二哥树铭因年事已高，身体状况欠佳，不能亲自前来参加封坟仪式，特派了他的儿子江源从乌鲁木齐及时赶到全椒。事后，二哥看了江源从全椒带回去的封坟祭奠仪式的照片和录像后专门打电话给三哥表达了他的心情。

4 月 2 日封坟仪式结束后，二伯与二妈的长孙江艺与吴爱平夫妇在全椒香河国际大酒店设宴招待参加仪式的亲友。江艺做了热情洋溢的讲话，他感谢大家的关心和帮助，并祈望我们的国家，我们江家的大家和江家的每个小家都兴旺发达。在热烈的宴席气氛中，江家的亲人们纷纷合影留念。

参加此次活动的还有我的表哥王立，他是专程从河南三门峡赶到北京陪同我回乡的。受我之托，他承担起了江家此次活动的录像任务。王立表哥花费了很多时间将我们的活动录像做了精心的编辑。这部高水平的录像作品也包含着王立表哥对江家的一片深情。请允许我代表江家的全体成员向王立表哥表达深深的谢意！

三哥树诒全家与江源在二伯父二妈墓前合影

（本文写于 2012 年 7 月 4 日）

乡友聚会

全椒在京同乡合影（1990 年元月）

2009年4月12日部分全椒籍旅京人士在北京吉利大学国际报告厅聚会，举行全椒联谊会换届选举。参加此次聚会的有来自政府部门、高等院校、部队和企业界的在京全椒籍各界人士近200人。原安徽省省长、曾担任过全椒县革委会主任（1970年）、县委书记（1973年）的王郁昭同志偕夫人贾翠华也应邀出席了聚会。全椒县县长盛必龙，县委常委、县委宣传部部长周全教，县文化局局长田胜林三位县领导专程来京参加了这次聚会。北京吉利大学常务副校长刘华松教授，滁州市驻京办事处主任白绕然同志也应邀作为嘉宾出席了聚会。

会议由黄德全同志主持，他介绍了出席聚会的主要来宾，并简要地通报了换届选举的筹备过程、联谊会主要领导成员候选人的简况和联谊会的宗旨（“联络乡情、回报家乡、共谋发展”）。大会通过举手表决的方式选举江树人出任新一届联谊会会长，蔡继华、宇如聪、袁浩、封绪水、童来明和黄德全任副会长，黄德全兼任秘书长。

江树人代表北京吉利大学致辞并作为新当选的联谊会会长讲了话。盛必龙县长、王郁昭同志、宇如聪同志（国家气象局副局长）也分别讲了话。

北京吉利大学的茶艺专业学生（其中有一位全椒籍学生）还为大家做了茶艺表演，受到热烈欢迎。

北京吉利大学为本次活动提供了会场、交通、接待等各方面的全力支持。

全椒联谊会会长江树人讲话

全椒旅京人士联谊会换届选举大会会场

时任全椒县县长盛必龙到会祝贺

原安徽省省长王郁昭讲话

（本文写于 2009 年 4 月 15 日）

黄铁匠父子

与老邻居铁匠黄明照合影（2009 年 3 月）

新中国成立后江家大院内有张姓、黄姓、宗姓、周姓、汪姓、严姓、史姓等在大院内的空地上陆陆续续盖起了房子。这些外来者基本上是属于贫民阶层的手艺人，张姓来自肥东县，除在院内盖了两间房，还在江家大院临街的门面房开了铁匠铺，黄姓是张家铁匠铺的伙计，宗家来自扬州一带，靠剪纸花和卖绣花线等为生，严家爆米花，周家卖鱼，汪家做豆腐，史家做瓦工。这些住在江家大院内的外姓人家大多是靠手艺勉强养家糊口的社会下层，住的都是简陋的草房，且大多是一家人挤住在一间草房内。我小时候与这些人家的孩子们常在一起玩耍，我们一起“躲猫猫”(捉迷藏)、“打铜板”、“掴地巴”、“玩玻璃球”……这些孩子中与我年龄相仿的有大更掌、小更掌、二巧子等。我也常到他们家串门。他们的家人虽没有文化，但大多都很善良。

住在江家大院内的黄姓人家男主人名叫黄同玉，大高个，性格温和，为人厚道。他是张家铁匠铺的伙计，当时铁匠铺共四个人，师傅老张铁匠掌钳，黄同玉与另一位叫王宝友的伙计抡大锤，还有一位名字叫东宝的小青年拉风箱。黄同玉妻子杨桂珍，个头不高，结婚较早，院里大人都叫她“小姑娘”。“小姑娘”在家中带孩子、操持家务，还养猪。有段时间我看见她在宝林桥头洗菜、淘米、洗衣的码头旁放了个淘米盆，逢有人下河淘米时，她总是主动迎上去接过盛米的烧箕，先在自己的淘米盆中淘洗，再拿到河水中过清水，她用这种方法赚取点淘米水回家喂猪。黄家这对夫妇，与街坊邻里关系好，很有人缘。黄家夫妇共养育了五个孩子，两男三女。黄同玉干了整整一辈子打铁的手艺活。前些年，我每次回全椒都看到他在宝林桥头附近的铁匠铺里干活，一直干到 85 岁去世。他的五个孩子中，如今只有他的大儿子黄明照（乳名小照子）继承了他的铁匠手艺。1970—1978年我在全椒工作期间，小照子在县水泥厂当工人，业余时间做木工。当年我家的五斗橱就出自小照子之手。他如今也年近60岁了，不知从何时起，操起了他父亲的行当。如今他在县城东门洪栏桥附近开了家铁匠铺，打制菜刀、铁锹、锄头、镰刀、锅铲、火钳等。他的铁匠铺没有伙计，只有他自己一个人。与他的铺面为邻的共有六七家铁匠铺。都是沿用传统的手工工艺。实际上，这几家铁匠铺已成了县城内一道展示传统铁匠手工工艺的风景线。无论是外地游客，还是像我这样返乡的全椒人每当经过这里都会驻足停留观看并拍照留念。

我每次回全椒，总会西起霸王桥，东至太平桥步行贯穿整个县城走一趟，去寻找当年的记忆。小照子铁匠铺所在的袁家湾是我必经之路，因为黄家是江家大院内的老邻居，我每次经过这里总要和小照子见面拉拉家常，很亲热。今年清明前我回全椒与小照子见面时，决定在他的铁匠铺定做一把家用菜刀。我定制这把菜刀不仅是为了家用，更主要因为它是家乡的传统手工工艺制品，放在家中还能令我常常想起与江家几十年为邻的黄家铁匠父子及他们的家人，以及那些老邻居与江家的邻里之情。

（本文写于2009年4月17日）

穿越英吉利海峡

在穿越英吉利海峡的船上（1983 年 11 月）

1983年1月我结束了在歌德学院为期四个月的德语学习后，德国国际开发基金会（DSE）安排我分别参加了在柏林和慕尼黑附近Stanberg小镇举行的为期一个月的培训，参加培训的学员按各人在本国从事的专业进行分组。我被安排在植物保护组，这个组有来自世界各国的学员20多位，德方负责人是舒乐博士（Dr. Shuler）和狄兹女士（Diez）。在培训班结业的仪式上，舒乐博士告知大家：11月20—25日在英国南海岸的布瑞顿城（Brighton）将举行第十届国际植物保护大会，DSE基金会计划资助两位学员前往英国参加这次学术会议。我与另一位葡萄牙学者幸运地被DSE基金会确定为受资助者。

1983年11月20日我从德国斯图加特乘火车经比利时布鲁塞尔到达法国的港口加莱（Calais），在此乘气垫船穿越大西洋的英吉利海峡（English Channel）抵达英国的多弗尔港（Dover）。

英吉利海峡是分隔英国与欧洲大陆，并连接大西洋和北海的一条具有重要战略意义的海上通道。它长560公里，宽240公里，其中最窄的部分多弗尔海峡（Strait of Dover）只有34公里宽。作为一个战略要地，历史上在英吉利海峡曾爆发过许多著名的战役，如1652年的古德温战役、1653年的波特兰战役、1692年的La Hougue战役等，尤以“二战”期间（1944年）的诺曼底登陆战役最为著名。

现今穿越英吉利海峡较之往日已经方便多了，从1987年始历时7年贯穿英吉利海峡的海底隧道挖通，一条连接英国的福克斯顿和法国加莱的海底双线铁路将英国和欧洲大陆连在了一起。如今乘船横跨海峡已不再是唯一的选择了。

当年我乘船横渡英吉利海峡到达英国的多弗尔港后，又沿着大西洋海岸乘火车向西南方向前行一个多小时到达第十届国际植物保护大会所在地——英国南部城市布瑞顿。

国际植物保护大会每四年举行一次，规模较大。第十届国际植保大会与会代表共 2 000 多人，会议主题是“植物保护造福人类”（Plant Protection for Human Welfare）。中国政府派出参加这次会议的代表团由五人组成，中国植物保护学会理事长、北京农业大学副校长沈其益教授任团长，成员是中国农科院生物防治专家邱式邦研究员、农药专家屠豫钦研究员，西南农业大学昆虫学家蒋书楠教授和广东省农科院院长水稻病害专家伍尚忠研究员。连同正在著名的英国洛桑试验站学习的中国学者张志利（北京农科院）、程遐年（南京农业大学）、陈秋方（浙江农科院）和从德国专程赶来的我共 9 位大陆科学家与会，沈其益先生作为资深的著名植保专家当选为大会名誉副主席。

这次会议我最大的收获是，会议期间结识了来自美国 FMC 公司的代表。通过接触交谈并在沈其益先生帮助下，FMC 公司方面答应免费为我提供十四碳标记的呋喃丹（一种杀虫剂）和它的两个主要代谢化合物 3- 羟基 - 和 3- 酮基呋喃丹的标样。这些药品是我在德国期间从事研究课题所急需的。会议结束后不久美方即兑现承诺将三种标样邮寄到我在 Hohenheim 大学工作的植物药理实验室，保证了我在德期间研究工作的顺利进行。

植保大会结束后我离开 Brigton 到达伦敦，经张志利先生推荐下榻在中国驻英国大使馆教育处，选择入住这里主要是价格便宜。连吃带住每日收费 3.5 英镑，且可吃到地道的中国餐。在伦敦停留期间我游览了伦敦塔、泰晤士河、大笨钟、大英博物馆、海德公园等名胜，还观看了英国皇家马队的传统换岗仪式的全过程。

从英国返回德国再次穿越英吉利海峡途中，在船上结识了一位28岁姓邱的华裔青年，他在比利时经商并开了一家中餐馆。我们下船时已是晚上9点多钟了，正下着瓢泼大雨，由于轮船晚点我错过了当天从加莱开往德国的最后一班火车。邱先生主动邀请我到他在比利时开的中餐馆过夜。我们乘了一个多小时出租车于午夜11点多钟到达邱先生家的中餐馆“晶晶楼”，厨师为我们做了可口的夜宵。第二天一早邱先生亲自下厨为我做了早餐，早餐后又开车将我送至火车站才挥手告别。当天我顺利地返回德国斯图加特Hohenheim大学。对这位热情的华裔青年我一直心存感激，遗憾的是后来与他一直未能再联系上。只能从心底祝愿这位好人一生平安！

美籍华人姜秉璋教授（右二）宴请参加第十届国际植保大会来自中国大陆的科学家同行（1983年11月于英国）
（沈其益（右一），邱式邦（右三），蒋书楠（左三），屠豫钦（左二），江树人（左一））

（本文写于2009年8月8日）

3 美元游卡拉奇

卡拉奇海边骑骆驼（1990 年）

1990 年我应邀访问德国 Hohenheim 大学。按两校协议规定，国际往返旅费由中方自己承担，在德国停留期间费用由德方支付。为了给我们课题组节省开支，我从北京去德国是乘火车，回程选择了当时机票价格最便宜的巴基斯坦航空公司航班。对巴航的服务质量我有所耳闻，我也知道德国汉莎航空公司的飞行安全性更有保障，但汉莎的机票价格是巴航的 3 倍以上。为了省钱，也顾不得那么多了。当年中国留学生都具有这种将安全置之度外的大无畏精神，谁让咱国家穷呢！

巴航的质量果真名不虚传，从德国法兰克福机场还没起飞就告知要晚两个小时出发。原定第二天凌晨 6 点多到达卡拉奇机场，一个多小时后转乘由卡拉奇飞往北京的航班的计划看来要落空了。这真是应了中国一句古话：便宜没好货！幸运的是，虽然飞机起飞和到达都晚点了，但上帝保佑，总算平安降落卡拉奇机场。到达后得知，下一趟飞往北京的航班是晚上。这意味着我们要在机场等上整整一个白天。何不利用这一天时间游览一下卡拉奇名胜。于是，我与一位中国小伙子开始征求同机到达的其他中国同胞的意见。终于找到 7 位志同道合者，连同我们俩一共 9 人。经过与一位出租车经营者讨价还价，从对方以租金 50 美元 / 天报价开始，经过几个回合谈判，最终以 25 美元 / 天成交租到一辆面包车，开始了我们的卡拉奇一日游。

卡拉奇是巴基斯坦第一大城市，人口近 1 000 万人，曾经是首都所在地。卡拉奇还是该国的金融和商贸中心，也是全国最大的海港和军港。卡拉奇市南临阿拉伯海，所以我们首先去了海边。在那儿，品尝了新鲜的椰子汁，还骑着租来的骆驼顺着海边漫游了一会儿。游览的第二个景点是位于市中心的国父墓，又称真纳墓。它是巴基斯坦已故领袖穆罕默德 · 阿里 · 真纳（Muhammad Ali Jinnah）的陵墓，建于 1970 年。该墓是用大理石砌成，是典型的伊斯兰风格的陵墓。墓顶为半圆形曲面，四周是白色的围墙，陵墓周边布满了棕榈树和鲜花。整个陵墓给人以庄严肃穆的感觉。巴基斯坦是伊斯兰教国家，清真寺是必去之地。随后我们被带到了卡拉奇最大的巴图大清真寺。不巧，那天寺院不对外开放。站在铁栏杆大门外正感遗憾之时，寺内的一位老者来到大门内侧。他得知我们的来意，并知道我们是中国人之后，立即竖起大拇指说道："China, very good！（中国，好！）"并随即打开大门，将我们迎入清真寺内。该寺建于 1969 年，全部用大理石砌成，通体洁白。巨大的祈祷大厅呈半球形，回声效果非常好，可容纳 5 000 人，这是我见过的最大的、最宏伟的清真寺。

游完主要景点，我们在街上看了看。总的印象，城市公共交通车辆很陈旧，拥挤不堪；城市卫生状况也较差；乞丐很多……一个典型的发展中国家。

一日游结束，我们 9 位游客每人出资 3 美元，25 美元作租车费，剩下的 2 美元给了司机兼导游作小费。

巴图大清真寺

（本文写于 2009 年 6 月 6 日）

穿越欧亚大陆之行

摄于莫斯科红场（1990 年 7 月 11 日）

1990 年我应邀第三次访德。此次我只身由北京乘火车经莫斯科、穿越东欧、再转道目的地联邦德国斯图加特市。从北京至联邦德国没有直达火车，只能先到莫斯科，再换乘至柏林。这样借转车之机，正好可领略一下莫斯科风光。

从北京至莫斯科的火车票不太好买，崇文门售票处每日只出售几张票。我赶了个大早，如愿以偿。北京至莫斯科普通卧铺票每张 870 元。

我没有记日记的习惯，但这次旅行我随身带了个小本，沿途记下了一点见闻。

7 月 4 日

1990 年 7 月 4 日早上 7: 40 火车准点由北京站开出，我所在的卧铺车厢每个包厢四个铺位。同包厢的另三位分别是江苏省信息研究中心主任沈家模先生，太原重型机器厂高工吴宝仁先生，还有一位斐济青年。

沈家模先生与我同年出生，他 1967 年毕业于南京大学俄语专业。“文革”开始初期，造反派曾说他是南大校长匡亚明先生树立的“白专”典型。大学毕业后的那段中国历史的特殊时期，经一位高人指点，他业余时间开始学习有关信息方面的知识，由于天资聪慧，加之刻苦钻研，终于修成正果。成了江苏省信息方面的专家权威。此次他应邀出访苏联科学院。

吴宝仁高工是从事锻压方面的专家。闲聊中得知他与我大学同窗陈云林同学的舅舅秦风先生同在一个工厂工作，且相互熟识。他与几位同事应邀到联邦德国一对口合作工厂访问。

有了沈、吴两位同行，我庆幸长途跋涉不至于寂寞了。

斐济青年 18 岁，身世颇苦。幼年丧父，母亲远嫁香港一位英国人，他留在斐济与祖母相依为命。谁知天有不测风云，祖母不久前也病逝，只得到港投靠继父，寄人篱下。

上午 11:30 车过张家口，窗外展现的是贫瘠的土地和稀疏的庄稼，因季节关系，这儿的麦子还未熟，油菜正在开花。继续前行，傍晚进入沙漠地带，更为荒凉。晚上 9:10 伴着车上播放的音乐“在那遥远的地方，有一位好姑娘……”列车驶入二连。二连是中国的边防站，在此办理出境手续，接种疫苗。晚 11:45 火车继续前行，11:53 越过中国边境，进入蒙古人民共和国，12:10 到达扎门乌达站，进行边检，火车在此更换轮箍。0:15 开出。

7月5日　22℃

一觉醒来，已是7月5日上午 8:30。晴空万里，阳光灿烂。铁路两边是无际的荒凉草原，不见人烟，也见不到牛羊。9:25 到达乔伊尔站。随着火车的前行，离蒙古人民共和国首都乌兰巴托越来越近，铁道两侧的草原质量也越来越好，可见到成群的牛羊，但人烟依然稀少。下午 1:30 火车驶入乌兰巴托站。借停车空隙到站内浏览了一下，留下两点深刻印象：一是站内空气中充满了羊肉的膻味；二是车站所有的牌子全是用俄语书写。后来发现在蒙古境内到处都有苏联士兵。

火车进入蒙古国后，中国的餐车被蒙古国餐车取代。据说，用1元人民币可兑换10个蒙古币，够在蒙古餐车上饱餐一顿。但几乎没有中国同胞到蒙古餐车用餐。可能是不习惯之故吧。

晚上 7:00 火车到达达尔汗站。北京时间已是晚 10:30，但天仍然未黑。北京时间 11:00，当地时间晚上 8:00 进入苏联（与北京时差3小时），开始边检。晚上9：40（当地时间）火车从苏联纳乌什基市开出。

7月6日　19℃

苏联时间早上4：45到达贝加尔湖，从车下上来一位苏联倒爷，用苏联卢布兑换中国旅客手中的美元。双方没有语言交流，靠倒爷手中的计算器显示的数字进行讨价还价。当时苏联官方给出的卢布对美元的比价是1∶1.69。而倒爷的兑换报价是1美元兑换15个卢布。与官方规定的兑换比相差25倍之多。曾有中国旅客对倒爷手中的卢布真假表示担忧，中国列车员告知："尽管放心，这些苏联倒爷在车上从未用假卢布懵过旅客。"在我们车厢成交了几笔后倒爷去其他车厢了，这时一位同车厢的，年龄约60岁的北京航天大学教授在两节车厢的结合处低声告诉我，他也想换些卢布备用，又觉得此举不太合适，犹豫再三，最终未敢兑换，言谈话语中流露出有点后悔之意。

上午7：30车到斯柳迪扬卡，停车15分钟。其后列车开始沿着贝加尔湖行驶，沿线两侧，风景优美。

10：15列车驶入伊尔库茨克，停车20分钟。这时车上的中国旅客与车窗外的苏联人开始做起买卖了。中国人手中的商品有酒类、衣服、鞋、各种日用品和保健品等。这时我才明白为什么许多中国旅客从北京上车时，一个个大包小包，行李如此之多。原来他们中很多人是这条线上的常客，或是从别人处得知了这条线路上的商机。他们对我仅携带两个小手提箱大惑不解。也好，充当看客也罢！火车一停，车窗外立即围过来许多苏联人，中国旅客开始在车上通过车窗与他们交易。一瓶啤酒可换10卢布，2元一瓶的二锅头酒售价20卢布、一件圆领衫8～35卢布不等、一双旅游鞋40卢布左右、7.5元一盒北京第四制药厂的蜂王浆可兑换70～80卢布，牛仔裤也是受欢迎的商品，价格取决于品牌……从事此交易的大部分中国旅客都很有经验，他们不轻易下车，否则商品会被警察没收。在窗口交易时先双手紧握商品与买家讨价还价，成交后先收款，后交货。因为稍不留神，常常会发生商品被抢，而你只能眼睁睁看着，不敢下车去追赶。

中国同胞与苏联人的交易被同包厢的斐济小伙看在眼里，这时他也想参与其中。无奈他没东西可卖，于是他打起了自己身上穿的那条牛仔裤的主意。正当他与别人谈交易之时，他的两位十多岁、同母异父的弟弟给他送午餐面包来了。看到哥哥所为，两位弟弟返回自己的包厢向父母告状，其父母大人立即怒气冲冲赶到我们包厢开始“问罪”斐济青年为什么要卖裤子。小伙子一开始低头不语，在再三追问之下，只得交代说：“我吃不饱，想卖裤子换钱买吃的。”他的回答分明是让他的继父与生母大人在我们面前下不了台。于是二位大人不再继续审问，把小伙子带回自己的包厢，几十分钟后斐济青年哭丧着脸返回自己的铺位，长时间沉默不语。出于同情，此后，我们吃饭时都会让斐济小伙分享一些。

车过伊尔库茨克后，气温达30℃。铁路两旁是一片片茂密的白桦林和绿色大草原。西伯利亚并非我想象中的一片荒凉地带。

下午3：30车到下乌丁斯克站，6：00太阳落山。

7月7日

西伯利亚当地时间1点钟天就亮了，4点时太阳已高高升起。大约3点钟列车到达东西伯利亚最大的工业城市克拉斯诺雅尔斯克，至此，我们已行驶了3 761公里，行程过半。早上4:45去苏联餐车用早餐，我要了一个炸猪排、一个蛋汤、一瓶饮料，才花费1.8卢布，便宜之极！在餐车连等带吃用了3个多小时。

下午3:15车到新西伯利亚站，停车15分钟。我下到站台伸伸腰，散散步，几分钟后返回车厢，火车准点启动。几分钟后，我们车厢内旅客反映，有四位旅客下车后未见返回车厢。经查找后证实这四位因大意误了上车，他们是两位美国人、一位德国人和一位中国同胞。大家不免为之担心，他们的行李还在车上。列车员老李一脸无奈地说，这趟国际列车常有这类事发生。老李向列车长做了汇报，在同车厢旅客见证下，由中、苏两国列车长一起将四人的行李清理登记后拉走了，并让火车站工作人员通知四位误车旅客到莫斯科站提取行李。

火车从北京开出已三天了。为消除寂寞，车厢内的旅客开始互相访问聊天。此时得知，我们车厢内有两位特殊旅客。一位是高岗的长子，高岗新中国成立初期曾任东北局主席，中央政府副主席，有东北王之称，发生于1953年的“高、饶反党联盟”事件两主角之一，事发后自杀。高岗长子此时看上去五十多岁，留着个小平头。据说战争年代，他与许多中国高级干部子弟一起在苏联保育院长大，说得一口流利的俄语。眼下正利用他的优势从事对苏贸易。另一位特殊旅客是当年毛泽东的俄语翻译、老资格的师哲先生的女儿，年近四十岁。她带着个十岁左右的女儿去莫斯科看望她同父异母、中苏混血的苏联籍姐姐。她在车上听说沈家模先生会看手相，特来我们包厢拜访。据沈先生介绍，他曾研读过有关手相方面的书籍，颇有造诣。看过师哲女儿的手相后，沈先生很严肃、认真地告知对方命中注定有二次婚姻。听完此话，师哲女儿当即起身告辞。我们都猜想，大概是沈先生的“二次婚姻”几个字触怒了她，故愤而离去。不料几分钟后，她的女儿来到我们车厢很有礼貌地对沈家模说道：“沈伯伯，我妈请您到我们包厢去一下。”大约半小时后，沈先生满面笑容返回。他果真出口不凡，一语命中。师哲女儿丈夫已病故，她请沈先生过去，是想请这位高人指点今后人生。

随着火车的前进，夜晚愈来愈短，白天愈来愈长。车过新西伯利亚，晚上近 9 时（北京时间半夜 1：30）才开始转黑。

7 月 8 日　21℃

半夜 1：30 天已亮，黑夜只有四个半小时。列车 6：35 到达秋明站，途中火车轮箍故障，停车修理耽误一个多小时。上午 11：05 火车到达斯维尔达洛夫斯克市，下午 1：14 火车经过欧亚大陆分界碑，旅客们纷纷拿出相机拍照。下午 4 时我到餐车用餐，苏联人的工作效率极低，一餐饭要等很长时间。在餐车用餐的还有一位澳大利亚籍华人，他用所带的高度二锅头白酒戏耍了餐车的一位苏联服务员。很多苏联男人嗜酒如命，在我们几位中国人快结束用餐时，这位华裔用手指着酒瓶示意苏联服务员过来喝酒，这位服务员回头看了看，见上司不在，便壮着胆来到餐桌旁，一口气喝下一大杯白酒，他正一边用手抹嘴，一边表示感谢时，这位“好客”的华裔又给满上了一杯，他一仰头又一饮而尽。短短几十秒内连喝两大玻璃茶杯高度数二锅头，即使有酒量的人也很难不产生反应。果不出所料，苏联人脸红了。这位华裔一边伸出大拇指夸奖对方，一边示意将几位中国人的饭钱一起算账。这位大脑已经“酒老爷”当家的服务员，手在苏联算盘上拨来拨去怎么也算不出结果。这位华裔一边催他快算，一边吓唬他上司来了。情急之中，这位酒鬼服务员稀里糊涂地报出 6 位中国人用餐费总共 3 卢布。不知此数字是为报答“酒恩”，还是糊涂账。

在餐车还听列车工作人员说，昨天在新西伯利亚火车站误车的四位旅客已乘飞机抵达莫斯科了。

随着火车的西行，白昼在继续增长，晚上 9：20 太阳落山，10：30 天黑。

7 月 9 日　19℃

今天是北京至莫斯科乘火车之行的最后一天，早晨 2：30 天就亮了。

下午 4：00 列车抵达莫斯科，火车晚点 4 小时。下车后发现在新西伯利亚误车的四位旅客已在站台等候取他们的行李。

第一次到莫斯科，出站后打算要个出租车去季米杰列夫农学院。这时苏联正处于解体前夕，比较混乱。出租车司机见我是外国人，没谱地漫天要价，一连找了几辆出租车都是如此。正在无奈之际，一位曾在我国中央编译局工作过的资深俄语翻译老徐同志主动联络我与另一对刚下车的中国夫妇，我们一起以 60 卢布租下一辆私人吉普车。总算顺利到达季米杰列夫农学院。在那找到熟人，很快一切安排妥当。

至此，北京—莫斯科之行顺利结束。

7 月 10 日

上午由中国同胞老王陪同去购莫斯科至柏林的火车票。9: 30 到达售票点，拿到 119 号。有四五个窗口同时售票。我估计最多等待 1 个小时应可将票购到手。想不到苏联买票手续如此烦琐，先排队开出购票的单子，再排一次队交款，然后再排队取票。等我票买到手，已是下午 1 点多了。整整花费了 4 个小时。效率如此之低除了手续繁杂原因之外，与苏联人的工作态度也有很大关系。那几位售票员边干边聊天，不时还出来抽支烟。像我这样的外国旅客对售票员的行为是敢怒不敢言。对苏联人而言，可能他们已经习惯这一切了。

莫斯科至柏林的普通硬卧票每张 46.15 卢布，若用美元支付则需近 80 美金。

从售票处出来后，我到食品商店了解了一下食品价格行情。1 只鸭子售价 3 卢布，1 公斤牛肉 2 卢布，10 只鸡蛋 1.3 卢布，1 公斤鱿鱼 1.3 卢布，1 公斤西红柿 2.5 卢布，1 块雪糕 20 戈比。当时在北京，美元兑人民币的市场比价是 1∶6，在莫斯科美元兑罗布的市场比价是 1∶（15 ～ 20）。折算一下就可知道莫斯科食品的价格是多么便宜!

7 月 11 日

今天上午去游览了莫斯科的红场。莫斯科红场远不是我想象中的宏伟。它比天安门广场要小得多，地面是由一块块红色面包石铺就，高低不平。红场面积 9.1 万米 ^{2}，红场名称是沙皇在 1658 年确定的，意为美丽的广场。红场的西面是克里姆林宫的红墙及列宁墓，南面是著名的东正教瓦西里教堂，北面是红砖银顶的历史博物馆，东面是古姆百货商场。

瓦西里大教堂建于1552年，是伊凡大帝为了纪念俄罗斯军队战胜喀山鞑靼军队而下令修建的。原名叫圣母大教堂。后来为了纪念一位终生在此修炼的修士改名为瓦西里大教堂。此大教堂的建筑风格很特殊，整个建筑没有正面、侧面和背面之分。从任何一个角度看它都是正面。据说为了保证此教堂建筑风格的独一无二，在教堂建成后伊凡大帝下令将所有参与此项工程的建筑师眼睛刺瞎。此教堂中间有一个突出的高大圆顶，象征着上帝的至高无上。另8个圆顶代表8位圣人。传说8位圣人帮助俄罗斯军队战胜了鞑靼军队。

列宁墓是一个时代的产物。对于社会主义国家的公民，特别是像我这样年龄层次的人，列宁的名字、马列主义以及新中国建国初期盛行的列宁装已深深地印在我们这一代人的脑海中。所以到了莫斯科，参观红场和列宁墓是十分自然的。

列宁1924年逝世以来一直长眠于红场西侧的列宁墓内。列宁墓最早是橡木结构，1930年改为红色花岗岩和黑色长石结构。列宁遗体安放在水晶棺内，上身微微前倾。遗体的面部和手部在特制灯光光照下，非常清晰。据说列宁遗体的面部由于腐烂已修补过多次，由于修补技术高超，不留痕迹。盛装遗体的水晶棺旁站立着持枪的卫兵，他们被称为俄罗斯第一岗哨，庄严的卫兵换岗仪式每15分钟进行一次。

据说，这位曾改变了半个世纪人类命运的俄罗斯领袖生前对自己的后事有过遗嘱，他希望死后安葬在家乡父母的墓地旁。但继任者们出于政治需要违背列宁的遗愿在红场修建了列宁墓。列宁生前可能没有想到的是，在他死后半个多世纪，由他创建的社会主义体制在俄罗斯大地上消亡。随着国家体制的巨变，围绕他的陵墓去留也展开了一场争论。1993年11月俄罗斯总统叶利钦做出撤销列宁墓岗哨的决定，随之出现了要求将列宁遗体迁出红场的呼声。但反对者的声音也很强烈。其代表人物，俄罗斯共产党领导人久加诺夫警告说：“如果你们想让国家和平稳定，那就应该让红场稳定。”针对两种截然不同的意见，俄罗斯总统普京表态说：“我将寻求符合大多数俄罗斯公民意愿的解决方案，我们每项决定都要推动社会的和谐及民族团结，而不是导致社会分裂。”由于普京的这一表态，暂时平息了关于列宁墓是否要迁出红场的争论。

7 月 12 日

今天参加季米杰列夫农学院外事办公室组织的一日游，游览离莫斯科 200 多公里的名胜苏兹达里。乘车往返 8 个多小时。

苏兹达里比莫斯科建城早 100 多年，它曾是俄罗斯东正教的首都，享有很高的宗教地位。城内有 50 多座教堂，5 座修道院，其中很多为白色建筑，这些奇特的宗教建筑成了苏兹达里独具魅力的象征，每年吸引着来自世界各地的游客。

在众多的教堂中，基督大教堂的历史最悠久，建于 1222—1225 年。教堂蔚蓝色的圆顶、巨大的教堂金门、造型别致的钟楼、从教堂传出的悦耳钟声以及教堂内一幅幅精美的圣像使其成为了苏兹达里一个最具代表性的建筑。

苏兹达里也有自己的克里姆林宫，但其规模远不及莫斯科的克里姆林宫。宫内有一个建于 13 世纪的基督诞生的大教堂，这里也是宗教领袖办公之地。

在苏兹达里还有一个露天的木质建筑博物馆。这里可领略到典型的俄罗斯小镇风光，有教堂、民宅、风车、水井……

苏兹达里的修道院分男修道院和女修道院。比较有名的是1352年修建的叶夫菲米救主修道院和1364年修建的圣母修道院。

鉴于苏兹达里众多的、独具特色的名胜古迹，该城已被列为世界文化遗产。

7月13日

从北京出发前就听说，莫斯科地铁也是名胜。既然已到莫斯科了，何不好好乘地铁游览一下。乘一次地铁只需5戈比，多么便宜!

莫斯科的地铁是在斯大林时代修建的，设计非常科学。圆形主环道内的铁路线呈蜘蛛网状，纵横交错，沿环道向外共有十四条地铁线通向城市的各个方向。它是世界上规模最大的地下铁路系统，地铁全长300多公里，有150个地铁站，每天载客量高达几百万人次。从交通便捷角度评价，“四通八达”四个字是对莫斯科地铁最确切的描述。

此外，莫斯科地铁是我见过的世界上最美的地铁。不仅建筑宏伟壮观，也充满了历史和文化气息。整个地铁建筑造型各异，地铁站内有许多不同风格的浮雕、壁画。1938年建成的马雅可夫斯基地铁站以不锈钢金属柱构成列拱，地面由大理石铺就，加上大厅尽头的马雅可夫斯基半身雕像和其他艺术设计使其成为21世纪的建筑艺术精品。地铁沿线内的壁画不仅体现了俄罗斯的民族风格，也宣扬了爱国主义的题材。比如，80座青铜雕像中很多是十月革命和卫国战争时期的人物，一幅上百平方米的马赛克图案描绘的是1941年11月7日宏大的红场阅兵式。地铁内的各种各样的精美艺术品让人感觉仿佛置身于一个艺术殿堂之中。

莫斯科地铁让我又一次切身感受了俄罗斯文化的博大精深，也让我看到了斯大林除独裁、暴敛之外的另一面。

7月14日

今日由两位在莫斯科留学的中国同胞老王和华珞陪同，乘地铁去莫斯科市的商店购物。老王是“文革”前的老大学生，俄语专业毕业，在吉林工作，公派到苏联进修。华珞是我校老土化系华孟教授的女儿，在此读学位。有这二位会俄语的同胞陪同方便多了。

1990年苏联正处于全面解体的前夕。当年已有立陶宛、爱沙尼亚和拉托维亚先后宣布独立。整个国家处于比较混乱的状况，经济形势也不好。

在莫斯科的商店里，我发现货架上货物很少。一方面是货源不足，另一方面与抢购不无关系。苏联在解体前尽管国家经济情况不好，但工资仍在不断提高，老百姓担心通货膨胀，所以拼命抢购。加剧了物资的紧缺。在莫斯科各类商店里，我看到了典型的社会主义计划经济的特点。一是物价低廉，二是价格的一致。同一商品在不同的店家标价完全一样。

在物资紧缺的情况下，为了保障莫斯科市民的基本消费，政府采取了诸如用居民身份证、票卷、限量购物等各种手段控制抢购。

7月17日

今日上午10点离开季米杰列夫农学院，由东北农业大学在此进修的陈维多同志送我到火车站。12：21火车准点从莫斯科开出。火车的设施条件与北京至莫斯科的列车差不多。

本次列车（125次）一路上基本准点。13：25到达苏联边境城市布列斯特，停车2小时进行边检。海关人员在我们车厢对旅客进行抽检，检查得非常细致。估计与查毒品走私有关。进入波兰境内，波兰边防及海关人员再次上车检查护照及旅客携带物品。16：30抵达波兰首都华沙。从外观看，华沙站建筑设计比较宏伟。华沙与莫斯科时差2小时，与北京时差7小时。

车到华沙后，车上的苏联旅客基本上都下完了。大部分苏联游客是到东欧旅游，因为西欧游对他们来说价格太贵。据说，在苏联留学的中国留学生东欧六国游，每人只花费12美金。他们白天玩，夜晚在火车上度过，吃喝自带，多么节俭的“穷游”！

7月18日

中午12：20列车进入东德境内，停车40分钟边检。下午13：50到达东柏林。从莫斯科到东柏林共行驶大约27个小时。出站后乘轻轨到达东柏林火车总站，在此排队购买去斯图加特的火车票。我发现，这儿售票人员的工作态度与工作效率与莫斯科一样，非常低。看来这是社会主义的通病。

票买到后，我给Hohenheim大学Mueller教授挂了电话，告知到达斯图加特的时间。晚上20：50火车从柏林开出，是座位票，票价100多马克。

7月19日

今天早上8：31火车到达斯图加特市。至此，乘火车穿越欧亚大陆之行顺利结束。从7月4日北京出发算起，至7月19日到达目的地止，整半个月。其中在莫斯科停留8天，在火车上度过7天。

对我来说，这是一趟途中耗时最长的旅行。也是一趟见闻颇多，很经济的旅行!

（本文写于2009年1月14日）

观企鹅归巢

菲利普岛上的小蓝企鹅（照片从网上下载）

位于澳大利亚墨尔本市东南方约135公里处一个名叫菲利普岛（Philip Island）的地方，来澳洲的游客会在傍晚的时候坐在一处沙滩的露天观景长凳上，静静地等待着欣赏企鹅归巢的景观。

在菲利普岛上生活的企鹅是世界上体型最小的一种，身高只有30多厘米，体重约一公斤。这种企鹅的羽毛呈灰蓝色，所以又被称作蓝企鹅。据介绍，这种小蓝企鹅生性勤劳，每天日出前一小时出海，在日落后返回灌木丛中的巢穴。企鹅每天在大海中为了捕食鱼类要游一百多公里，不仅要捕捉自己所需的鱼类，还必须在腹中贮藏重达一斤、用于喂养企鹅宝宝的食物。企鹅每日在大海中与风浪搏击，有可能因疲劳过度而亡，也可能会被其他食肉类动物裹腹。所以说企鹅的每一次出海既是一次爱的奉献，也可能是一次生死诀别。正因为如此，企鹅出海辛劳一天满载归来后，嗷嗷待哺的企鹅宝宝常常会在巢穴外与父母热烈相拥，其场面十分感人！据研究，企鹅寿命最长者达26年，但大部分企鹅只能活六七年。企鹅是一夫一妻制，非常专一。

2010年7月4日下午，我们一行30多位参加国际农药化学会议的中国同胞在完成了大会注册报到后，于15：30从墨尔本开车出发，行车近2小时于17：15到达菲利普岛观看企鹅归巢的海滩。到达时天已近黑，海边的观景长凳上已坐满了游客。大家目光紧盯着与海面相接的沙滩，等待着归巢企鹅的出现。大约17：30，近沙滩的海面出现了一只企鹅的身影，这只企鹅在岸边看了看又返回海中，如此反复两次，好像是为即将上岸的同伴探路。几分钟后的17：45，在每隔几十米远的沙滩上分别出现了几群企鹅，每群二三十只排着队上了岸，然后晃晃悠悠走过一段几十米长的沙滩，进入到灌木丛中去寻找各自的巢穴。六七分钟后，第二批企鹅群从海面走出，18：00时走出第三批企鹅群……

澳大利亚于1968年开始对企鹅进行专门研究，采用了先进的卫星定位技术跟踪企鹅的动态。为了保护企鹅在归巢时不受打扰，在观看企鹅归巢景观时，不许喧哗，也不许拍照。

菲利普岛上等待观看企鹅归巢的游客（2010年7月4日）

（本文写于2010年7月20日）

盛世梨园——“2010 年新年京剧晚会”观后感

与京剧艺术家吴汝俊先生（2010 年 10 月 14 日）

我喜爱京剧的缘由可追溯到我的儿时，那时我的老家全椒县城有大戏和小戏演出。大戏指的是京剧，小戏是庐剧。当年的京剧团和庐剧团没有剧场，用布围子作围墙，晚上照明用的是凤凰街盛家出租的汽油灯，观众的座位是简易的长条凳，票价一角钱。当时的大戏演出场地选在石桥南头凤凰小学附近的一块空地上，小戏演出场地是现在人武部的位置。当年我光顾较多的是大戏，对于当时的小孩而言，一角钱的门票也是买不起的，我总是趁着守门的不注意，与其他小孩一起偷偷地从布围子下面钻进去蹭戏。那时全椒京剧团当家的角儿如苏兰君（旦角）、陈少鹏（武生）都是我们这些孩子心目中的明星。看京剧让我学到了一些历史知识，也使我喜欢上了京剧。虽然今天可供欣赏的艺术种类繁多，但我对京剧的喜爱一如既往、情有独钟。这固然与儿时影响有关，但更主要的是京剧的高雅和魅力对我的吸引。京剧的唱词优美，唱腔优美，京胡等乐器奏出的曲调优美，京剧的服饰、头饰和化妆优美，演员在台上的一招一式优美。总之，京剧太美了！我认为要学好京剧很不容易，唱、念、做、打需样样俱全。和其他舞台艺术相比，京剧演员的功底是最全面的，是名副其实的“台上一分钟，台下十年功”的体现，不具备扎实的童子功，很难成为“角儿”。

近几十年在北京去剧院现场看京剧的机会可数，主要是通过电视、光盘和收音机欣赏，其效果当然不能与在剧院相比。今年元旦前一位朋友送了我两张在国家大剧院举办的“2010年新年京剧晚会”票，让我十分惊喜。从票面注明的演出地点、演出日期和晚会名称我可以想象出这台晚会的质量和精彩程度！

果不出所料，打开在剧场入口处拿到的精美节目单一看，九个节目包含了传统和现代、各行当和流派、一大批熟悉的名家和新秀，太棒了！进入剧场一看，能容纳几百人的剧场观众席上已坐着许多京剧名家，如李维康和耿其昌夫妇、孙毓敏、谭孝曾、王晶华等，这些名角也是晚会的观众。观众席上还有王兆国、回良玉、刘云山、刘延东、陈至立、倪志福、迟浩田、张万年、曹刚川等国家领导人。节目快开演时，从剧场的中间侧门走进了胡锦涛等八位政治局常委，他们的座位在我们小区的第一排。国家最高领导人的到来使剧场的气氛一下达到了高潮。

19:30演出在《春满人间》中拉开序幕，紧接着是流派联唱，一曲“珠帘寨”选段由深得谭派、余派和奚派真传的三位中青年老生名家串唱；《龙凤呈祥》中“洞房”一段，剧中人物孙尚香的五位扮演者分别唱出了梅派的醇厚、华丽和含蓄，尚派的清凉激越，程派的幽咽婉转，荀派的柔媚委婉和张派的娇、媚、脆、水的风格；由梅派后学中的翘楚、中青年名旦李胜素领衔主演的《杨门女将》片段“探谷”集文戏和武戏于一体，充分展示了演员们深厚的功底；麒派传人陈少云在《追韩信》选段中饰演萧何，他的唱腔苍劲浑厚，麒派味十足，难怪梨园界称其为上海滩麒派的“独苗”；由著名老旦演员赵葆秀和兼有杨派和余派风格的著名老生演员李军联袂演出的《四郎探母》片段“见娘”可谓珠联璧合。晚会演出的几出现代戏也是精彩纷呈，由当今最走红的中青年演员于魁智（老生行当）、孟广禄（铜锤花脸行当）和李宏图（小生行当）携手演出的新编史诗京剧《赤壁》片段不仅展示了他们深厚的唱功与做工，更新奇的是由名家张继刚担任导演，在舞台设计中融入的许多现代元素让人耳目一新；新编历史剧《贞观盛世》片段，剧中的两位人物大臣魏征和皇上李世民分别由著名演员尚长荣和关栋天扮演。我不仅欣赏两位名家的精彩表演，更有感于晚会的策划者，将这样一个描述唐朝盛世君臣深夜推心置腹对话的故事在这个晚会上展示给我们的国家主要领导人，其用心不言而喻。现代京剧《红灯记》曾唱遍大江南北，家喻户晓。李铁梅的扮演者刘长瑜虽已年近七旬，在晚会上演唱的“爹爹留给我无价宝”选段风采依旧，赢得了热烈的掌声。晚会上的其他节目如《桃花宫》、《穆桂英挂帅》、《英台抗婚》、《桃花村》和《走向复兴》个个精彩绝伦。

两个多小时的演出结束，我仍不舍离去。这是一场名家荟萃、艺术流派纷呈、精彩唱段迭出的当代最高水平的演出。感谢京剧名家们的精彩表演！还要特别感谢那位送票的朋友！

祝我们的国粹——京剧繁荣昌盛！

《龙凤呈祥》中五位孙尚香的扮演者

赵葆秀与李军合演的《四郎探母》片段“见娘”

（本于写于 2010 年 1 月 8 日）

重返 Prien

与池元直先生（后排右一）和夫人（前排左一），魏正（前排右），周秀琴（后排中）合影于“北京楼”饭店（1982 年 10 月）

随着年龄的增长，人的怀旧之情会越来越强烈，我也不例外。2003 年 8 月我访问欧洲，出发前就打算在德国慕尼黑停留期间去 Prien 小镇访问。Prien 离慕尼黑不到 100 公里，坐落在著名的旅游胜地 Chiemsee 湖边。1982 年 10 月至 1983 年 1 月我曾在此地的歌德学院学习德语四个月。那也是我当年被公派出国留学到达德国后的第一个停留的地方。美丽的 Prien 留给我的记忆有风景如画的 Chiemsee 湖、湖中的男人岛和女人岛、岛上 Ludwig 二世的行宫、小镇上的歌德学院，还有家叫"北京楼"的中餐馆……我多么希望此次慕尼黑之行能故地重游啊！

与我同行的叶敬忠教授与慕尼黑接待方协商后，特地安排了路过 Prien 小镇的行车路线。我记得那天开车到达小镇时已是下午 4 点多钟了。我们一行首先乘湖上的游船登岛。由于时间已晚，男人岛上的 Ludwig 二世行宫对游客开放时间已过。虽有些遗憾，但皇宫的宏伟外观、漂亮的露天喷泉、精美的人体雕塑、落日余晖照耀下闪光的湖水、郁郁葱葱的树林和草坪仍然让我们流连忘返。

从岛上返回 Prien 小镇，我开始寻觅当年学德语的歌德学院。当得知原歌德学院旧址早已被拆除，心中不免掠过一丝失望。但在歌德学院新址的橱窗里，我看到了原歌德学院旧址的照片，似乎又得到了一点补偿。因时间有限，在新校址我与几位从土耳其来此学德语的学生聊了会儿，又在我的德语母校校牌前留了影便匆匆离去。因为德国的歌德学院无论是学生或老师都是"铁打的营盘，流水的兵"，20 多年过去了，不可能在此找到当年的熟人。

离开歌德学院，我开始寻找镇上的中餐馆"北京楼"。记得当年“北京楼”这三个红色的中文大字曾让我激动不已。因为它是我第一次走出国门在异国他乡的大街上最先看到的中文字。在 Prien 小镇学习德语期间，我曾光顾过这家中餐馆几次，除品尝中餐外还欣赏过餐馆墙壁上玻璃框中的两幅张大千先生的国画作品。与饭店老板池元直先生闲聊中，他听我说起中国画坛的“北齐南张”一词时便饶有兴趣向我谈起两幅画的来历：新中国成立后，张大千先生率家人出走巴西，在巴西短暂停留后想转赴美国，但美国驻巴西大使馆不发给张先生一家赴美签证。无奈之际，张大千先生求助于在原国民党政府驻巴西大使馆武官处任职的池元直先生。池先生借与美国使馆官员一起打台球的机会向美国人说明了张大千是中国著名画家这一背景。很快张大千先生一家获得赴美签证。为答谢池先生，张大千先生向池先生赠送了两幅国画小品。后来池先生离开巴西定居德国，娶了位德国太太。在 Prien 开了家中餐馆，两幅画一直挂在餐馆内。闲谈中得知池先生夫妇有一个 17 岁的女儿，在国内武汉有位从事科技工作的弟弟，还有位姐姐曾是旧北平（现北京）颇有名气的女高音歌唱家，后定居法国，等等。从我 1983 年初离开 Prien，转眼 20 年已过去了。当年小镇上的中餐馆“北京楼”和它的主人还在吗？我在小镇的大街上询问一位老人，证实他是小镇上的老住户后我便自我介绍并问道：

“我是从北京来的，20 年前我曾在这镇上住过几个月。当年镇上有家名叫‘北京楼’的中餐馆还在吗？”

“那餐馆的房子还在，但餐馆的名字早就改了。”老人回答。

“那原来中餐馆的主人池先生还住在这个镇上吗？”我又接着问道。

“池先生还住在镇上，但他早就退休了。他的太太已于多年前病逝了。”

老人给我指了去餐馆的方向。小镇不大，几分钟后那栋我所熟悉的两层楼的餐馆就出现在我眼前了。楼房依旧，只是“北京楼”几个字不见了踪影，取而代之的是德文书写的“亚洲饭店”。此时已是晚饭时间，于是我与同伴们决定在此餐馆用餐。餐馆的现主人是越南人。当他得知我的来意后主动帮我拨通了池先生家的电话。我估计池先生肯定记不起我这位当年曾光顾过他饭店的客人了。《沙家浜》里的阿庆嫂不是这么唱的吗：“垒起七星灶，铜壶煮三江，来的都是客，过后不思量，人一走茶就凉。”何况我这位二十年前的客人呢！当越南老板把拨通的电话交到我手中时，我简单自我介绍后果真证实了我的判断。但是，当我谈到当年挂在餐馆墙上的张大千先生的两幅国画及其来历时，听得出电话那头池先生有些兴奋，他连连说道：“你是个有心人，还记得这些。哎！我那两幅画中的一幅已丢失了。”紧接着池先生说道：“请您稍等我一会儿，我马上去餐馆，我们见见面，但我年岁大了走路慢，可能需十多分钟。”我匆匆用完晚餐，站到餐馆外的路边上等候池先生的到来。不一会儿，一位背着个小包的老人慢慢朝餐馆方向走来。我一眼就认出那就是已近80岁高龄的池先生。见面后他拥抱了我，然后我们一起进入餐馆。越南老板招呼我们坐下并为我们送上了一壶茶。

与池先生简单地寒暄后，他打开小包取出一张七八吋大小的彩色照片让我看。照片是一张几个人的合影。居中站立者是江泽民同志，其他人我都不认识。池先生很骄傲地告诉我：“与江主席合影的几位都是我们池家的人。紧挨江主席右侧的一位是我的弟弟池元又，他与江主席在上海交大读书时是同窗，而且同住一屋达四年之久。”我随即问道：“照片上怎么没有您呀?”“哎，别提了！江主席把请我去北京的机票都准备好了，我没去他很生气呢！”池先生赶忙解释。

我猜想这张照片一定经常放在池先生的小包中，常拿给别人看，并经常重复着江主席很生气之类的话。接着池先生告知我他妻子已不在了，女儿已 38 岁，尚未结婚，是个独身主义者。说到这些，他脸上不免流露出一些忧伤。我说了些宽慰的话，互留了地址就告辞了。

从餐馆出来，天色已黑，Prien 之行似乎了却了我的一个心愿。

歌德学院新址（2003 年 8 月）

与池元直先生合影（2003 年 8 月）

池先生正讲述他的亲属与江泽民主席合影的照片（2003 年 8 月）

（本文写于 2009 年 1 月 15 日）

访问我的出生地

与黑章村老房东家人周三爷（右）合影于周家（2006 年）

我1944年出生时正值抗日战争时期，全椒县县城被日本侵略军占领，城里居民为避难都逃离了县城。我的家人也逃到离县城六七十里远一个地名叫黑章的村里，黑章村距程家市集镇只一二里路。当时全椒县政府也临时搬迁到程家市小镇上。在黑章村我家的房东姓周，开油坊，当地人称为“周家油坊”。

据说，在我出生前我母亲曾先后分娩过三次，但三个孩子出生后一个也未活下来。我奶奶为了防止第四个孩子出生后再被“偷生鬼”偷去，在第三个婴儿死去后，用剪刀将死婴的耳朵剪了下来。这是当时老百姓防范“偷生鬼”的办法。奶奶的方法奏效了，我出生后终于活下来了，成了奶奶的长孙。那一年，奶奶59岁。原本想为我起一个叫“五九”的乳名，后考虑到我叔叔小名叫“老九”而放弃。所以在江家同辈弟兄中，我是没有小名的。我的大哥江树声小名叫“老声子”，二哥江树铭叫“大和尚”，三哥江树诒叫“小和尚”，四哥江树陕叫“老呆子”，我排行老五,六弟江树春叫“大老好”，七弟江树功叫“顺昌”，八弟江树基叫“小老好”，九弟江树勋叫“国庆”，十弟江万里没有小名，十一弟江浩叫“浩子”。

小时候听母亲告诉我，在我出生后她的乳房发炎，我没法喝母乳。家人只能求助于同时逃难到黑章村的另一位有奶的母亲用奶水喂养我，后来我做了她的干儿子，喊她“老亲妈”，喊她丈夫“老亲爷”。他们有五个孩子，三男两女。最小的男孩名叫王茂斌，年长我两三岁。可能我们俩是同时分享他母亲的乳汁长大的。我的干爹王志舜1949年新中国成立前夕去了台湾，干妈后来被划为“四类分子”，她没有文化、没有职业且耳聋。她一人带着五个孩子，靠在家中给人家鞘鞋维持生计，生活的艰辛可以想象。干妈的几个孩子都很聪明，但在那个大谈阶级斗争的年代，孩子们的学业因家庭政治背景的影响全都受到了挫折。记得干妈最小的女儿王懋勤，从小成绩优秀，“文革”结束恢复高考后一心想考入复旦大学就读，成绩虽然合格，但由于家庭背景的影响，只被录取到安徽马鞍山师专。毕业后回家乡任教，后来成了安徽省示范中学全椒中学的高中物理骨干教师，她不仅教学水平高且非常敬业，在学生中享有很高的威望，被评为全国优秀教师。小时候我曾去过干妈家多次。她家住在县城小桥街。我大学毕业回全椒工作后，也曾去看过她老人家，那时她与小女儿懋勤一起住在全椒中学。“文革”结束后，1949 年新中国成立前夕从家乡去台湾的人陆陆续续与家中取得了联系。听说我的干爹也与家人联系上了，只可惜那时干妈已不在世了！

我从小就知道出生在黑章村，但离开后再未去过。2006 年我到南方出差路过全椒，专程去寻访了黑章村。很巧，我初中时代的同班同学张义传退休后住在该村。他带我找到了当年房东的家人周三爷，周三爷对我的到访显得有些意外。我向他询问了很多当年家人在村中的往事。他虽已年近 80 岁，但对我的家人和往事一件件如数家珍。他告诉我，我出生时的包衣还是他帮助埋掉的。当年我们家人曾住过的那间老屋已不在了。尽管如此，我总算是重返了我的出生地，见到了当年房东的家人并了解了一些家人当年在村里生活的情况，了却了一桩多年的心愿。

与中学同学张义传（中），王宗鑑（右）合影于黑章村
（2006年）

（本文写于2009年9月17日）

重返章村

合影于章村（2009 年 5 月 19 日）

（左起：汪继莹，韩淑英，卞福才，石敏，江树人，张步忠，陆存芝）

我在大学读书期间的1965年11月至1966年5月，按照上级的安排，作为“四清”工作队队员我曾在河北省定兴县北田公社章村工作了半年时间。有关这一段经历我已写过一篇博文“44年前我亲历的四清运动”，记述了“四清”的背景，在村里工作和生活的情况。

时间虽已过去了四十多年，但我常常会想起在村里度过的那段时光，想起村里的乡亲，想起朝夕相处的工作队同事，还有当年在老乡家天天吃的卷着黄酱和香葱的玉米面饽饽……

5月19日我与当年“四清”工作队的同事张步忠同志一起从北京驱车来到章村。去前我通过电话查询与原章村大队大队长石敏取得了联系，石敏特地让他在北京工作的大儿子石建良与我们同行引路。

上午9点钟我们到达章村时，石敏已在村口的大堤上等候多时了。据石建良说，得知我们要来的消息，他爸已亢奋好几天了。父子俩还商量用北京不易吃到的土特产招待我们。

在村里我们发现当年的土坯房几乎全部被砖瓦房取代，在石敏小儿子家我们更感叹新房的宽敞漂亮。看来改革开放确实使农村发生了很大的变化。但遗憾的是村子附近的拒马河干涸了，河床里已种上了庄稼，农业生态环境的恶化令人担忧！

中午石敏为我们准备了丰盛的午餐，还请来同村的卞福才、韩淑英夫妇作陪。卞福才曾担任过大队和村干部，韩淑英是“四清”期间我所负责的生产队的社员。当年，韩淑英还是个小姑娘，他的父亲韩福是位老革命，因打仗负伤还乡，享受民政部门甲等残废军人补贴。她母亲曾是位军旅护士，后随丈夫定居章村，在家做缝纫，是位贤淑的家庭主妇。午餐时韩淑英夫妇还特地从家中拿来了玉米面饽饽，张步忠和我对涂抹着黄酱，卷着香葱的饽饽情有独钟，它是我们当年在村里社员家吃派饭时的主食。风干的饽饽虽然很硬，但吃起来还是很香的。

午饭前后我们向石敏和卞福才夫妇聊询问了村里很多熟人的情况，他们向我们一一做了介绍。盛情的主人一再挽留我们在村里住几天。石敏告诉我们，等两天他养的蜜蜂即可产出新鲜的槐树蜜，让我们尝尝再走。卞福才夫妇还打算为我们烙一些饽饽让我们捎回去，乡亲们的深情让我们感动。因为我们还有别的安排，当天下午 2 点钟我们只得告别乡亲踏上归途。

这次在村里见到的熟人不多，村里当年的干部大多数已经故去了，毕竟已过去 45 年了。在返回途中我和张步忠都感到很兴奋，此次章村之行总算了却了我们多年的一个心愿。

与石敏（中），张步忠（左）于章村村头合影

（2009 年 5 月 19 日）

（本文写于 2009 年 9 月 19 日）

把北京农药学会带向国际舞台

主持国际农药会议（2007 年）

北京农药学会成立于1979年，是北京科协下属组织。北京农药学会会员主要来自于北京的科研院所、高等院校、政府管理部门及企业。学会首任理事长是中国科学院的昆虫毒理学家龚坤元先生，继之担任过理事长的分别是农药合成专家胡秉方教授（中国农业大学），杂草防治专家张泽溥研究员（中国农科院），农药合成专家陈馥衡教授（中国农业大学）。我是第五任理事长。北京农药学会有个传统，每年举行一次学术年会。论文汇编成册，作为非正式出版物印发给每个会员，并从中选出几篇做大会报告。

我2002年接任北京农药学会理事长后，决定将2003年的学术年会升格为第一届“农药与环境安全”国际学术会议，为了鼓励会员撰写论文的积极性，决定将论文按正式出版物出版发行。这次会议收到国内外学者提交的论文共80多篇，参加年会的代表除了北京农药学会的会员外，还有来自美国、德国、英国和韩国的专家学者们。会议在金码大厦召开，为期一天。会议规模虽然不大，但开得比较成功。

2005年我们学会又成功召开了第二次“农药与环境安全”国际会议。这次会议无论规模或质量均超越了上一届。世界著名的农药科学家日本的山本出先生，美国《农药化学》杂志的主编Saibe先生等均携夫人参加大会并做了报告。参加会议开幕式的北京市科协副主席贺慧玲同志对会议的组织工作、会议的规模和会议内容安排给予了很高的评价，鼓励我们学会将两年一次的国际会议坚持办下去，并形成品牌。

2006年经研究，我们学会决定将2007年的第三届“农药与环境安全”学术年会办成规模更大、质量更高的国际会议。正当我们开始筹备这次会议的时候，“国际纯粹与应用化学学会”（简称 IUPAC）的负责人 Dr. Kenneth D Racke 主动联系，希望把 IUPAC 的“第七届国际作物化学保护和法规会议”与北京农药学会的第三届“农药与环境安全”国际会议联合召开。我认为这是一次扩大我们学会影响的很好机会，欣然同意并开始了精心谋划。会议地点选在北京友谊宾馆，会议时间安排在 2007 年 10 月 10—13 日，由我与美国的 Dr. Kenneth D Racke 共同担任大会组委会主席，何雄奎担任秘书长，请原农业部部长何康教授担任大会组委会名誉主席。学术委员会主任请中国科学院张钟宁研究员和中国农业科学院郑斐能研究员担任。会议论文集将按正式出版物出版发行，还在因特网上注册了一个中英文会议网页（http://www.pesticidechemistry.com），并印制了精心设计的中英文会议通知。组建了会议筹备班子，下设几个工作组，明确各自的分工。会议筹备期间，我多次召集筹备人员会议，掌握各项准备工作的进展情况，并一直与美方主席保持联系，共同商定一些重大问题。最终确定会议的名称为“第三届农药与环境安全”与“第七届 IUPAC 植物化学保护和全球法规一体化”国际会议。组委会由中方与外方专家按对等原则共同组成，大会报告安排三个上午，中方与外方各出三位大会报告人，另安排两个下午在六个分会场按专题进行报告和讨论。这六个专题是：①农药管理的全球展望；②食品农药残留及国际贸易标准；③农药毒理与环境安全评价；④农药质量、生产及规范；⑤新农药创制与合成技术；⑥施药技术与规范。与美方主席还商定会议所需费用由双方共同努力从中、外农药企业和相关组织争取赞助。

这次会议按预定的计划顺利召开。与会的代表 580 人来自 68 个国家和地区。开幕式在主席台上就座的除我与 Dr.

Kenneth D Racke 两位大会主席外，还有原农业部部长何康先生，南开大学李正名院士，华东理工大学校长钱旭红教授，农业部农药检定所所长王运浩先生，中国农药工业协会理事长罗焕章先生等农药界著名人士，以及北京市科协副主席贺慧玲女士和数位中外著名农药科技界、企业界人士。

这次大会共收到论文近 300 篇，张贴论文近百篇。在大会学术委员会两位主任的组织下，钱传范、陈馥衡、乔传令、杨新玲、袁会珠等同志花费了许多时间对论文进行修改、编辑，并将英文和中文两本论文集由中国农业大学出版社按正式出版物印出。三个半天的大会报告及 10 日与 11 日两个下午六个分会场的专题报告内容精彩，参加者踊跃，讨论热烈。本次大会的报告涉及了农药科学各个领域的国际最新进展情况。中方的报告涉及了我国农药研发、生产、使用、法规及安全等方面的情况。让中外专家、学者和企业界人士了解国际农药发展动态，了解中国农药科学发展的现状，并为与会者搭建一个合作交流平台是召开本次会议的目的。

本次会议得到许多中、外企业和有关学术组织的大力支持。北京市科协，国家自然科学基金委，国家外专局，中国农业大学，中国农业科学院植保所，美国化学会，亚洲植保学会，以及德国拜尔公司和巴斯夫公司，美国陶氏公司，日本的住友化学公司和先正达公司，中国的北京颖新泰康科技有限公司，江苏辉丰农化股份有限公司，江苏克胜集团股份有限公司，江苏新沂农药厂，北京绿色农华植保科技有限责任公司等组织与企业都以不同形式向会议提供了赞助，保证了会议预算内的所有开销。

大会学术委员会还对张贴论文进行了优秀论文评选，闭幕式上十多位获奖者上台领取了奖状和奖金（最高奖人民币10 000元）。

这次会议由于组织安排细致，参与筹备人员及由学生组成的志愿人员高度负责，整个会议进程中各个环节都很顺利。这次会议还邀请了一些中、外农药企业代表出席，开幕式上还特地安排了中、外各一名企业代表发言。

会议期间，宣传组编写了彩色的、图文并茂的每日会讯，及时反映会议动态，很受欢迎。本次会议除学术活动外，还安排了一场文艺演出。第一天晚宴招待会上，我邀请中国农业大学艺术团演出了一台短小精悍、带有浓厚民族特色的小节目，让外国朋友再次感受了中国文化，演出效果非常好。

这次会议的成功召开受到中外各方的高度评价。美方主席Dr. Kenneth D Racke多次表示对会议的安排、会议的效果相当满意。南开大学李正名院士也多次称赞会议组织得好并参加了会议的全过程。参加会议的中国农药企业老总们是第一次经历这样一个高水平的国际学术会议，他们认为开了眼界，感觉很好，建议以后能增加同声翻译。

为了表彰中方大会主席和秘书长为本次会议所做的贡献，在闭幕式上 Dr. kenneth D Racke 还代表“国际纯粹与应用化学学会”给我和何雄奎教授颁发了奖牌。

衷心感谢为此次国际会议成功召开而做出贡献的中外各界人士！

（本文写于 2009 年 11 月 11 日）

出任中国农业大学校长

在校长办公室（1998 年）

从中学时代起，我就意识到自己政治条件先天不足。江家是全椒县有名的大地主；我的叔叔黄埔军校毕业后曾在国民党部队任职，新中国成立后受管制；我的堂伯父、堂姑父1949年去了台湾；我的母亲1957年被划为“右派分子”……我所拥有的这些政治背景在那个处处突出政治、以阶级斗争为纲的年代所带给我的负面影响是可想而知的。在大学阶段，特别是1963年以后，随着整个国家政治大环境的变化，无形中我感受到的压力也愈来愈大。须知，那个年代的青年人都有着很强的政治上进心，他们不仅希望入团，更把加入中国共产党作为自己的崇高追求。然而这一切对于我来说是可望而不可即的。

记得“文化大革命”停课闹革命期间，学校大的活动我被动地随大流，派性组织我未加入，派性活动我基本上也不参加。当时我主要做两件事，锻炼身体和读外语。大学毕业后在部队接受一年多的“再教育”，1968年我调至全椒化肥厂工作。

几年后，厂领导出于了解、信任和工作需要把我由工艺技术员提拔为厂生产技术股副股长，这件事曾遭到个别人的质疑，认为是用人问题上阶级路线不清。须知，我也是生在旧社会，成长在红旗下的一代啊！更何况副股长还算不上官，只是一个负责任的衔，因为化肥厂只是在县工业局领导下的一个副科级单位。这件事让我一方面感激厂领导的知遇之恩，另一方面也让我明白，走从政之路对我是不合适的，“先天不足”啊！

1976年毛泽东去世，“四人帮”被抓，“文革”结束。国家的命运、人民的命运、知识分子的命运有了转机。在拨乱反正、百业待兴的大背景下，我于1978年9月调回阔别十年的母校，一切重新开始。因为大学毕业后的十年我基本上脱离了大学所学的专业，在全椒化肥厂的八年我从事的是无机化工方面的工艺技术工作。回到母校后我被分配在农药分析组钱传范老师手下工作，只得努力重新学习。每日“闻鸡起舞”，听课、参加科研、参加各种培训班、自学。经过二三年的努力各方面颇有收获。得到老先生们和领导的充分肯定。1982 年由学校推荐，我通过了农业部组织的英语考试，获得了公派去联邦德国进修两年的机会。两年期满，我按期返回学校，继续从事教学和科研工作。1986 年我由助教晋升为讲师，1987 年我接替钱传范教授担任土化系农药教研室主任。1988 年破格晋升为副教授。1989 年农药教研室从资源与环境学院分出，单独成立农业应用化学系，我出任副系主任。1992 年年底我被破格晋升为教授。应该说，我返回母校后的业务之路还是很顺利的。此外，1992 年年底我还与我的两位研究生（胡红兵和张红燕）一起同一天加入了中国共产党。

1993 年 9 月开学后不久，当时的副校长黄铁城与人事处长戴述华找我谈话，告知学校打算让我出任校教务处处长。并说石元春校长提出的教务处处长人选的几项条件是：教学一线的正教授，有行政管理的经历与能力，年龄在 50 岁左右。据此条件，人事部门向学校推荐了几位人选。经党委常委会和校长办公会讨论后确定我为最终人选。两位领导代表学校找我谈话时，我感到有些突然。当时我谈了三点想法：①事情突然，没有任何思想准备；②教务处处长责任重大，我担心自己能力有限，胜任不了；③我需要认真考虑考虑再答复组织。在两位领导找我谈话后不几天，在还没有听取我反馈个人意见的情况下，学校在一次会议上就正式宣布了对我的任命。我只能恭敬不如从命了。

到教务处任职刚两年，学校发生变革。上级决定将北京农业大学与北京农业工程大学合并组建中国农业大学，江泽民同志为学校题写了校名。新组建的中国农业大学任命了10位校领导，6位来自北京农业大学，4位出自北京农业工程大学。原北京农业大学的毛达如教授任校长，原北京农业工程大学艾荫谦同志任书记。我在完全不知情的情况下被宣布任命为副校长，分管全校教学工作。

任副校长刚三年，中国农业大学校领导班子换届。这一次依然是在没有征询我个人意见，甚至连招呼也未打的情况下，我被任命为中国农业大学第二任校长。当时中国农业大学的主管部门不是教育部，而是农业部。就任的前一天我被时任农业部部长的陈耀邦同志召见，向我宣布了国务院总理朱镕基对我的任命，并说了些勉励的话。10月9日农业部部长陈耀邦率领部里许多官员来农大召开大会正式宣布换届及任命。从这一天起我走马上任，掀开了我人生又一个新的一页。

（本文写于2010年6月29日）

江泽民主席的一次接见

2001年11月7日国际农业科技大会在北京召开。这次会议由中国政府主办，联合国开发计划署、联合国科教文卫组织、联合国粮农组织和世界银行协办。大会主题是："推进农业科技创新，促进农业可持续发展。"会议共分八个专题：政府论坛、持续高效农业、农业生物技术、农产品加工、农业信息化、农业资源与环境、农业企业论坛和校长论坛。受大会组委会委托，我担任校长论坛主席。参加这次会议的代表来自50多个国家和地区共1 500多人，其中包括世界绿色革命之父、诺贝尔奖获得者诺曼·博洛格（Rorman Borlaug）、美国农业部副部长任筑山、国家科技最高奖获得者袁隆平等著名人士。在开幕式上，时任国务院主管农业的副总理温家宝同志到会并讲话。本次会议分大会报告和专题发言及讨论。我主持了大学校长论坛分会。

在大会闭幕的当天下午，江泽民主席在人民大会堂接见了出席大会的部分中外专家，我也有幸在应邀之列。接见时，科技部领导向江泽民逐一介绍了在座的中外专家，介绍过程中，江泽民时而用中文、英文和俄语插话，很是活跃。当介绍到诺贝尔奖获得者诺曼·博洛格时，江泽民说道："久仰！久仰！"并随即向陪同在座的外交部副部长王光亚问道："光亚，久仰一词用英语怎么说？"王光亚稍稍想了一下答道："可能是well-known"。听后，江泽民觉得这一答案不太确切。那天，江泽民主席情绪很好，侃侃而谈，原定的短暂接见，结果用了近一个小时。接见后，江泽民同志与大家合影，我很巧正好站在江泽民同志的身后。那天，陪同接见的中方官员有科技部部长徐冠华、副部长李学勇，教育部副部长韦钰，外交部副部长王光亚等。合影结束后，科技部领导提议江主席再单独接见几位中国专家，江主席欣然应允。在外国专家离去后，江泽民同志又站着与几位中国专家聊了一会儿，我也在场，站在江主席对面，相距一米多。与我一起受到接见的还有袁隆平、卢良恕（工程院院士）、翟虎渠（中国农科院院长）、陈章良（北京大学副校长）等几人。接见时不知谁说了句："江主席您会那么多国外语呀！"听了这句话后，江泽民笑着说道："学外语就要 more speak（多说），我这个人就敢说。我曾学过英语、俄语、罗马尼亚语、西班牙语、德语。我学西班牙语时间并不长，但我在访问西班牙时，就敢用西班牙语直接发表演讲。当然，讲稿是事先准备好的……"稍停片刻，江泽民又用德语说了 eins，zwei，drei（1，2，3）几个德语单词。因为我学过德语，我觉得江泽民同志的德语发音还是比较准的。接见只有短短的几分钟就结束了，但这毕竟是我近距离接触我们国家最高领导人的一次经历。当天晚上，中央一台的新闻节目报道了江泽民接见出席国际农业科技大会部分中外专家的消息，当我的许多亲友从电视新闻中看到我站在江泽民身后的画面时，纷纷打来电话表示祝贺。

（本文写于 2009 年 12 月 18 日）

1998 年出任中国农业大学校长的就职讲话

中国农业大学第二届领导班子换届大会江树人校长讲话
（1998 年 10 月 9 日）

各位领导，各位来宾、同志们：

首先感谢大家来参加今天的大会。昨天上午陈部长代表农业部党组向我正式宣布了国务院总理的任命并做了长谈。今天农业部、北京市教工委等部门这么多领导又在百忙之中来我校召开大会，会前路副部长还特地召集中国农大新老校领导班子全体成员进行了座谈。刚刚陈部长和北京市教工委常务副书记尹栋年同志又做了重要讲话。此时此刻，我深深地体会到上级的任命，领导的嘱咐，不仅仅体现了组织上的信任，对我个人和我们新一届班子的全体成员更意味着是神圣的使命、重大的责任和随之而来的压力。我清楚地知道我们学校现在的学术地位、社会声誉是经过几代人的努力而赢得的，来之不易，我们必须倍加珍惜；我也清楚地认识到在知识经济时代已经到来，特别是党中央把农业放在如此重要地位的今天，我们中国农业大学在科教兴农事业中所应承担的任务和所应做出的贡献；我也清楚地认识到在全国高等教育改革正在深入发展的形势下，中国农业大学所面临的机遇和挑战；我还清楚地认识到就我个人而言作为新一任校长肩负的重担。为此，我必须时时告诫自己：应谦虚谨慎，在新的岗位上努力学习，不断提高自己的政治理论水平和科学管理水平，在工作上要全力以赴、尽职尽责、廉政勤政，在农业部、北京市委和各有关主管部门的领导和指导下，认真贯彻《中华人民共和国高等教育法》，在新的管理体制下，从中国农业大学的大局出发，维护班子的团结，紧紧依靠广大师生员工去做好学校各方面的工作。

农大有一支优秀的教职工队伍，这支队伍的优秀不仅仅表现在教学、科研工作水平方面，还充分表现在面对坎坷和各种困难所体现出的坚韧不拔和崇高的敬业精神。这种精神是农大最宝贵的财富，它也是我们新一届班子带领大家做好学校工作的重要保证。

陈部长和尹书记在刚刚的讲话中对以毛校长、艾书记为首的上一届校领导班子、特别是两位党政主要负责人的工作成绩给予了充分的肯定。本人作为上一届校领导班子的成员之一，我衷心地感谢毛校长、艾书记、唐副书记及班子中其他同志在过去的三年中对我工作上的支持和帮助及为我们新一届班子今后工作所打下的基础。我也诚恳地希望在今后的工作中能继续得到你们的指导和帮助。

借此机会，我也衷心感谢农大广大的中层干部、教师、职工和同学们过去对我工作上的支持。在今后的工作中，无论对我个人，还是对我们新一届班子来说，我们最最需要的仍然是来自于你们的信任、理解、支持和配合。

借此机会，也请允许我代表中国农业大学全体师生员工感谢农业部各级领导多年来对农大的厚爱，感谢北京市委、市政府过去对我校工作的指导和帮助，并希望这些上级主管部门今后能给我校更多的关怀和支持。

农大全体师生员工同志们，我们国家目前正处在一个历史性转变的关键时刻。小平同志倡导改革开放以来，我国在各个领域已取得了巨大成就。借助于以朱镕基同志为首的本届政府科教兴国战略所带来的机遇，加之我们农大人有历经百年沧桑而铸就的团结奋进、崇尚科学、求实进取、献身农业的优良传统，我们农大人有理由充满信心去实现我们的宏大目标，将我校办成以农业和农工为主的新型一流综合性大学。

我们新一届校领导班子即将开始新的征程，任重而道远，让我们共同携手去迎接 21 世纪的挑战。

（本文写于 1998 年 10 月 10 日）

在全椒中学诞辰 110 周年大会上的讲话

全椒中学 110 周年校庆代表校友讲话（2012 年）

尊敬的各位领导，各位来宾，亲爱的老师们、校友们和同学们：

大家好！

今天我们相聚在这里，隆重庆祝全椒中学建校110周年。首先请允许我代表全椒中学北京校友会的全体校友向亲爱的母校表示衷心的祝贺！祝贺母校110岁生日！祝贺母校教书育人所取得的杰出成就！

借此机会，也向高度重视和全力支持此次校庆活动的地方政府、各企事业单位和为筹备此次校庆活动付出辛劳的母校师生员工们表示崇高的敬意！

值此母校110周年华诞之际，作为一名昔日的全椒中学学子，此时此刻我不禁感慨万千。我于1956—1962年在全椒中学学习生活了六年，这是一段令人终生难忘的岁月。这六年里，我们曾感受过反右派斗争的残酷、亲身经历过疯狂的大跃进以及不堪回首的三年困难时期。这六年里，我们有过昼夜奋战在小高炉旁大炼钢铁的经历；这六年里，我们参加过学校组织的拉板车、打芦蒿、钓泥鳅、纳鞋底、织毛衣等各种各样的勤工俭学活动；这六年里，我们还参加过学校组织的大战荒草圩劳动，砍草、开荒、种胡萝卜；也是在这六年里，我们曾用稚嫩的肩膀从数里外的和平砖瓦厂运回砖瓦建起了校园里的红楼；这六年里，我们也曾响应地方政府号召多次停课到农村参加抗旱和抢种抢收；更使我们难忘的是：这六年里，我们曾无数次忍受着饥饿的煎熬完成了中学阶段的学业……六年里的这些丰富经历让我们这些当年的学子既饱尝了生活的艰辛，也经受了生活的磨炼。我们视这些经历为财富，受益终身。

从1962年离开亲爱的母校，时间已经过去整整50年了。时光的飞逝从未磨去我对母校的思念和记忆。当年老师和同学们的音容笑貌、与同学课间的嬉笑打闹、晚自习汽油灯下的苦读、寒冬里穷学生的合铺同眠以及昔日校园内婆娑的垂柳、秀美的小竹林、古老的奎光楼和我们曾为之流过汗水的红楼……常常会出现在我的眼前。当年老师们的谆谆教诲声、学子们的朗朗读书声、老工友张三爷准时敲响的上课钟声……也会常常回响在我的耳边。母校的一切将会永远铭记在我们学子的心中。

为了庆祝母校 110 周年华诞，在母校的大力协助下，我们全椒中学北京校友会在母校校园内建了一个“北京校友林”。并在林内竖立的五彩石上刻下了“勿忘筌”三个字。中国有句“得鱼忘筌”的成语，源自于《庄子外物》，筌是一种捕鱼的工具，“得鱼忘筌”意指得鱼而忘掉了捕鱼所用的筌。我们反其意而用之，借“筌”与“全”是谐音字，用“勿忘筌”表达我们不忘母校全椒中学的培育之情，不忘家乡全椒人民的养育之恩。

正在母校就读的年轻校友们，我们很羡慕你们今天生活在一个多么幸福的时代。希望你们珍惜大好时光，努力学习把自己塑造成才。将来报效祖国，报答父母的养育之恩并为母校争光。知识可以改变一个人的命运，而命运就掌握在你们自己的手中。努力吧！年轻的学子。

近年来，全椒正在发生日新月异的变化。作为家乡的游子，我们一次次为家乡的快速发展和变化而振奋。借此机会我们衷心的感谢全椒县委和县政府的历届领导和家乡的人民为家乡的经济建设和文化建设所做的贡献！

最后，祝愿我的母校、我的家乡明天更美好！祝所有的校友们学业有成、事业兴旺、生活幸福！

谢谢！

与江树铭二哥（中），刘国龙（右）于全椒中学
百年校庆时合影（2002年）

北京校友会赠送母校的碑
（江树人题写）（2012年）

（本文写于2013年2月5日）

在 1962 级校友相识 50 年聚会上的讲话

1962 级校友“相识 50 年聚会”合影（2012 年 9 月 10 日）

各位领导，各位老师和来宾，亲爱的62级校友们：

大家上午好！

首先请允许我代表在母校和北京地区工作的62级校友热烈欢迎来自海内外的参加此次“相识50年聚会”活动的各位校友！感谢大家风尘仆仆回到母校参加团聚，特别是来自美国的李增民同学、王述圣同学和来自加拿大的马小峰同学可谓不远万里赶来赴会。

出席今天聚会活动的还有曾任中国农业大学党委书记、63级校友李晶宜同志，现任校党委副书记的张东军同志和学校有关职能部门的负责同志，还有部分当年我们的任课老师和班主任老师。让我们以热烈的掌声感谢他们的光临！

今天在座的还有部分62级校友的夫人或先生，我以62级校友的身份感谢你们与我们的同学风雨相伴几十年，也感谢你们此刻与我们一起分享“相识50年聚会”的幸福时光！

此次“相识50年聚会”是由在母校和北京地区工作的部分62级校友共同发起的，这项活动得到了同级校友们的积极响应。很多62级校友为这次活动出谋划策，还有的校友赋诗表达感想，因种种原因不能前来参加团聚的62级校友，有些也用电话或短信表达了他们对此次活动的良好祝愿。我代表“相识50年聚会”筹备组全体成员向积极参与和关心此次聚会活动的62级校友表示衷心的感谢！

这次活动也得到了学校领导和学校许多职能部门的大力支持。瞿振元书记、柯炳生校长、张东军副书记等对此次活动非常关心、亲自过问，在校务会议上做了专题研究，张东军副书记多次与我电话联系并帮助解决一些具体问题。学校的校史馆和档案馆、校友会、继续教育学院的领导和各学院的领导也积极配合，使校内的准备工作进行得十分顺利。让我们也向他们表示感谢！

作为62级校友的一员我一直认为，62级是一个很优秀的群体。具有很多独特的特点：①我们人生经历丰富：当我们读初中的时候，已感受到了反右派斗争的残酷；高中阶段，我们亲历了疯狂的大跃进和不堪回首的三年困难时期；大学阶段我们被派到农村参加了半年的“四清运动”，从农村回校不久又赶上“停课闹革命”因文化大革命我们被推迟一年毕业，直至1968年8月才获准离校。毕业时正赶上提倡四个面向，我们中的绝大多数被分配到了最基层，很多人去了边疆，还有相当一部分人被分配到解放军农场接受长达一年半左右时间的“再教育”；后来我们又经历了“四人帮”垮台，“文革”闹剧的结束和改革开放的年代，以及我们中很多人工作岗位的变动。这些经历带给我们的既有痛苦，也有欢乐。丰富的经历已成为我们人生的一笔宝贵财富，让我们受益终身。②成长在特殊年代的我们这个群体具有吃苦耐劳、敬业奉献和自强不息的精神。我们挨过饿、受过许多苦和累，并在那极左的年代承受了相当长时间的政治歧视，有人被迫害致死，甚至被处以极刑。面对苦难和挫折，我们能始终坚守我们的信念，自强不息。无论是在最基层或“文革”结束后走上新的教学、科研和行政管理岗位，我们这个群体吃苦耐劳的奉献精神和聪明才智都得到了社会的认可，并在各自的岗位上为国家做出了自己应有的贡献，这个群体中涌现出了许多各行各业的佼佼者。我们为这个群体而骄傲。③我们这个群体中有相当一部分人是在阶级斗争的夹缝中幸运地进入大学校门的。1962年恰逢三年困难时期刚过，政治环境相对宽松。我们中许多家庭出身不好，或家庭成员中有这样或那样所谓政治历史问题者，有幸没有被“政审”拒之于大学门外，侥幸成为一名大学生。④我们 62 级入学总人数不多（不到 500 人），加之入学初期学校的住宿安排和大班课让我们互相接触了解的机会较多，所以彼此比较熟悉。

同学们，50 年转眼一瞬间，许多同学时代经历的往事仿佛就在昨天。如今，我们已走过了人生的一大半路程。我衷心祝愿我们 62 级校友们健康快乐，家庭幸福！希望大家能充分享受这几天在首都、在母校老同学团聚的快乐时光。也希望大家今后多保持联系，有机会常在一起聚聚。

为了这次团聚活动，我们在北京地区的几位 62 级校友多次开会筹划，特别是老同学马文芳、王砚田、张劳、陈家梅、冯双庆等做了大量的、细致的准备工作，我们希望用我们的努力能使此次活动尽可能圆满一些，但很可能还有不周到之处，请老同学们能给予谅解。

再次感谢大家的积极参与！

谢谢！

土化系 1962 级校友与老师合影于母校（2012 年）

（本文写于 2012 年 9 月 10 日）

十年树木　百年树人

十年树木　百年树人[①]

——记农药学家、国家级教学成果一等奖获得者江树人教授

教学、科研是教师的本分。

思路决定出路。不论公办大学还是私立大学，倘若没有正确的办学理念，学校就等于没有灵魂。即便是投入再多、管理再严，也无法办出特色鲜明的高水平大学。

——江树人

江树人（1944.6—　），安徽省全椒县人。中国农业大学教授、博士研究生导师，中共党员。1967年毕业于北京农业大学土化系农药专业，曾到解放军农场锻炼和安徽全椒县基层工作，1978年调回北京农业大学工作。1982年赴联邦德国霍恩海姆大学做访问学者。两年后回校，创建了国内第一个现代化的农药植物药理实验室，率先为研究生开设"农药植物药理学实验技术"课。曾任北京农业大学应用化学系副系主任、教务处处长，中国农业大学副校长、校长，吉利大学校长，兼任农业部农产品质量监督检验测试中心（北京）主任，中国高校教学研究会副理事长、全国农林高校教学研究会理事长、中国农业环境保护学会副理事长、中国农药学会副理事长、北京农药学会理事长、北京市科协常委、宝钢教育基金理事等职。任

① 本文选自瞿振元主编，当代后稷——中国农业大学名师风采，中国广播电视出版社，2014。

农大校长期间（1998.10—2002.4），他领导进行了人事分配改革，推行全员聘任制，首次打破了技术职务终身制；实施岗位津贴制度，建立了聘后考核制度。其间，还成功地组织了国家级重点学科申报工作，使学校国家级重点学科数量由11个增至19个，在全国高校中名列第八位；主持制定了学校“十五”发展规划，进一步明确了办学指导思想、办学特色和定位及发展战略。他长期从事农药环境毒理和农药植物药理方面的教学和科研工作，先后承担多项化工部、农业部“七五”、“八五”科研课题和国家自然科学基金项目以及国际合作项目，参加了我国《农药合理使用准则国家标准》的制定。其研究成果曾获农业部科技进步一等奖、国家科技进步二等奖、化工部科技进步二等奖、国家技术监督局科技进步一等奖等奖励。主持的“创建两段式培养模式和三平台课程体系，培养高素质的农业本科人才”研究，荣获国家级教学成果一等奖。发表论文170余篇，主编了《农药与环境安全国际会议论文集》《高等农林教育改革与实践》《农药的合理使用与安全知识》等著作；翻译出版了《植物药理学》，参编了《植物医学导论》《汉德农业词典》《中国农业百科全书——农药卷》等著作。

失怙不失志

江树人的家乡安徽省全椒县位于安徽和江苏两省交界的皖东地区，离南京仅40多公里。据史载，全椒县始建于西汉初期，距今已有两千多年的历史。

1956年夏，江树人完成两年的高小学习，参加了县里组织的升初中统考。当年，全县高小毕业生共2 000多人，但全县唯一的一所中学，全椒中学招生名额不到300名。年仅12岁的江树人顺利考入了全椒中学。全椒中学位于襄河之滨，建于1902年，是一所历史悠久的名校。

提起在全椒中学就读的6年，江树人感慨颇深："这6年，是我们的国家和我的人生极不寻常的一段光阴。这6年里我们的国家经历了反右斗争、大跃进、大炼钢铁、人民公社化和三年困难时期等许多在今天看来不可思议的事情。对我个人而言，这6年经受了生活的艰难和磨炼。"

1960—1962年这三年在中华人民共和国的历史上被称为"三年困难时期"，1959—1962年江树人正在全椒中学高中部就读。上高中时他15岁，正是身体发育时期。当年他们的粮食定量只有19斤/月，为了填饱肚子，学生们课后只得去按学校要求去"小秋收"。即到已收获过的白菜地里刨菜根，到野外打柳树叶，到白薯地里捡薯叶……这些东西捡回来后，经过加工变成代食品用以充饥。当年18岁高中毕业时江树人的身高只有1.48米，体重仅39公斤。

更让人意想不到的是，高考前夕，在短短十几天内，江树人经历了失去父母的痛苦。江树人父亲江元善幼年丧父，只读至高中肄业。后来参加了电话技术培训，先后在安徽省全椒县、灵璧县任电话室主任。新中国成立后回到全椒县故里，担任小学教员、小学校长。母亲王素华出生于徽商家庭（其父经营盐业，是位开明商人，在那个时代能支持女儿到合肥女中读完高中实属难得），新中国成立后参加过政府组织的扫盲工作，后到华兴小学任教，1957年"反右"运动中被错划为右派，开除公职。这不仅让家庭成员精神上受到沉重打击，家庭生活也因其没有了收入而陷入困境。夫妇二人原本身体就不太好，再加上“三年困难时期”缺乏最基本的食物和营养保障，他们都患了当时普遍流行的浮肿病而卧床不起。1962 年 6 月 25 日和 7 月 12 日，母亲和父亲先后在贫病交加中撒手人寰。家中只留下江树人兄妹三人，当时正在读高三的他 18 岁，大妹妹工 5 岁，小妹妹 6 岁。家里完全没有了固定收入，且正处于高考前夕，当时的困境对于一个 18 岁的高中生来说是难以想象的，他甚至曾想过放弃参加高考。幸亏大舅王振华（西北农学院教授、曾任西北农学院副院长）与舅母平常生活十分节俭，帮助生活困难的亲友和同事非常慷慨。在母亲被错划为“右派分子”并开除公职后，他们按月寄给江树人生活费保证他完成了中学学业。1962 年父母去世后，他们又按月给江树人两个年幼的妹妹寄生活费，直至江树人大学毕业。

在短短 17 天内父母相继去世后不到 20 天，江树人以顽强的毅力，化悲痛为力量，随同学们一起到滁县参加了 1962 年的高考。8 月下旬的一天，邮递员拿着一个厚厚的信封走进江家大院。当江树人接过国家重点大学——北京农业大学的录取通知书时，他没有喜悦，只是在脸上划过了一丝安慰的神情，他在心中默念：“爸爸妈妈，感谢你们在天之灵的保佑，儿子考取了重点大学。”后来得知，他是新中国成立后由全椒中学直接考到北京高校读书的第一人。

人生转折点

进入北京农业大学就读，对于江树人来说，是人生命运的一大转折。

1962 年江树人入学时北京农业大学设有 8 个系（农学系、

植物保护系、园艺系、土壤农业化学系、畜牧系、兽医系、农业经济系和气象物理系），在校学生规模 3 000 人。他就读的土壤农业化学系农用药剂学专业，当年招收 15 名新生，来自全国 8 个省市。这 15 名新生中家庭出身成分不好或家庭成员有政治历史问题的几乎占了半数。因当时“三年困难时期”尚未过去，阶级斗争被暂时搁置，当年的高考基本上按成绩录取，才使得江树人有机会进入大学学习。

北京农业大学作为国家重点大学，当时学制为五年。江树人原以为可以趁着大好年华好好学习五年，谁知 1965 年在江树人刚刚进入大学四年级不久，上级指示：大学三年级以上学生都要到农村参加社会主义教育运动。于是江树人与土壤农业化学系部分师生被分配到河北省保定地区定兴县北田公社搞了近半年的“社教运动”，1966 年 5 月才返回学校。正当他们准备重返课堂继续学业时，席卷全国的“文化大革命”开始了，6 月月初学校全面停课闹革命。

在当时的社会环境下，应该 1967 年毕业的江树人和他的同学们在校等待分配一年，直到 1968 年 8 月才得以分配离校。他感慨地说：“我们在学校度过了整整 6 年时间，而实际上学习的时间只有 3 年多一点。但比起 1963—1965 年入学的学弟和学妹们，还算幸运一些，1965 年入学的学生从进校到毕业离校五年时间实际上只学习了不到一年。我们这届学生大学期间总算还学完了公共基础课和专业基础课，专业课学习也开了个头儿。这些已学过的课程为我们日后的发展，以及出国深造打下了较好的基础，特别是那些任课老师的做学问之道让我受益终身。”

“从 18 岁入学，作为一名孤儿，在校期间我受到了许多领导、老师和同学的关爱。我对我的母校一直充满了感激之情。毕业离校后的十年我一直在关注学校的命运。‘文革’期间我的母校受尽磨难，几度搬迁损失惨重，所幸这支队伍一直未散。‘文革’结束后终于搬回北京原校址办学，重获新生。”怀着对母校的感恩，江树人于1978年9月被招回母校任教，一干就是30年。亲眼看母校被列入国家“211工程”和“985工程”重点建设的大学，江树人倍感欣慰。

从1968年下半年至1970年上半年，在大约两年的时间里，全国1967年和1968年两届大学毕业生中有相当一大部分人被送到解放军农场接受“再教育”。

江树人他们直接到天津军粮城山岭子4568部队农场报到，接受部队“再教育”。这些来自山西大学、北京农业大学和南京农业大学的100多名大学生被单独编为防化团第十一连。

在到达部队农场后，部队领导要求每个战士身边除《毛选》与语录本以外其他业务书籍一律存入库房。大学连每日的日程就是出操，学习毛著和相关政治文章、大批判、劳动、军事训练。

由于江树人在大学期间每日坚持跑4 000米，练就了跑步的本领。平时的军训和劳动都不成问题。还因大学时代曾是校民乐队成员，被选进了连队宣传队，排练节目和外出表演较多，下地干活相对少些。他们不仅在连队演出，还有幸应邀到北京西拨子部队团部参加汇演，受到好评。

江树人回忆：“每日早晨的天天读照例是坐在炕上学毛著。我也不例外，但我学的是英文版毛选和语录。为了遮人耳目，我用了中文封面，选择墙角落坐，以中文封面示外。”此法一直沿用至“再教育”结束离开农场。他自以为这一秘密无人知晓。30 多年后与当年的老班长高守忠见面闲聊时，老班长笑着揭穿了他这一自视高明的“伎俩”。在那个极左年代，作为一班之长对此“离经叛道”行为“视而不见”十分难得。

一年零四个月的接受“再教育”的生活结束后，1970 年 2 月，江树人到全椒县革委会政工组报到，被安排到离县城几十里远的丰产公社丰产中学任教。

4 个多月后的 8 月 7 日下午 4 点多钟，接到县政工组组织组电话通知工作变动，调其到县城筹建合成氨厂。

从 1970 年 8 月起，江树人作为进厂最早的技术员和后来的厂生产技术股负责人经历了筹建全过程。整个建厂工作，包括土建工程、设备的采购和安装一共用了 4 年时间，耗资大约近 400 万元，一个在当年年产 3 000 吨的现代化合成氨厂终于建成，于 1974 年 4 月的一天正式开车运行。历经 5 天时间，开车一次成功。以无烟煤或焦炭做原料，经过造气、脱硫、变换、炭化、压缩、冷冻、精炼、合成等工艺过程，终于从炭化车间的离心机中分离出了白色的碳酸氢铵化肥。4 年的奋斗终于有了结果，那一时刻他与大家喜悦的心情难以言表。化肥厂的投产不仅标志着一个现代化化工企业在这一古老县城的诞生，也为全椒农业的发展做出了重要贡献。

“这 4 年我学到了很多学校没有学过和书本里学不到的知识。我参与了规划设计、厂房建设、动力设备和静止设备的选购及设备基础浇注、大型设备的拆装就位、管道的铺设、分段和整体密封性试验、设备试运转……边干边学，我熟悉了整个生产流程、所有化工设备的结构，我闭上双眼能描绘出厂内地上与地下如蜘蛛网般的各类管道的走向和它们的规格。”“这 8 年实践还锻炼了我的组织指挥能力。比如，每年停产大修计划的制订及大修期间的具体部署和指挥，以及日常的技术管理和事故处理。这些经历和能力的锻炼对我后来调回母校从事教学、科研和行政管理工作十分有用。”至今，江树人还常常会回忆起那 8 年间的许多往事，回忆起那一张张熟悉的面孔和那片曾留下辛勤汗水的土地和厂房。

勤奋节俭的留学生活

江树人于 1978 年 9 月应招回母校任教。1982 年，江树人获得了国家公派到联邦德国留学的机会。

1982 年 10 月，江树人来到了德国 Prien 歌德学院学习了 4 个月的德语，这是他留学的第一站。江树人回忆近 30 年前的留学生活：“你猜当时的德国什么样？临行前听说德国境内共有 16 家歌德学院分院，想象中它一定拥有一个美丽的校园和各种齐全的设施。但是，报到后展现在面前的学校让我大失所望。它没有校园，只有一栋建筑面积仅几百平方米的带地下室的三层教学小楼，地下室用于早餐和集体活动，全校学生仅 150 人左右，教职工不到 10 人。在离学校几里路外的一个小山坡上有个不大的歌德学院宿舍区，只能收住三四十人，大部分学生住在居民家中。歌德学院没有真正的食堂，但学校规定周一至周五学生在地下室集体用早餐。早餐是自助形式，供应面包、黄油、果酱、肉肠、牛奶、咖啡和各种果汁饮料等。学校安排集体早餐是为了给学生们提供一个评议交流的机会，所以早餐时老师最不愿看到相同国家的同学聚在一起用母语交谈。”

江树人所在的歌德学院设有初级班和中级班，初级班和中级班又各分一、二、三级。学校通过入学摸底考试对学生进行分班，2 个月为一个学期。期末考试合格可升一级。他因出国前在北京语言学院学了 4 个月德语，入学后被编到初级班二级，两个月后就因成绩优秀被学校安排跳过初级班三级和中级班一级，直接升入中级班二级，这让当时的老师很是诧异。但江树人总结起来却只有“勤奋”二字。他坚持每天早晨最早到教室学习，把语法打得很牢固，写作水平也提升得很快，他的德语作文曾多次被老师当作范文在课堂上宣读。歌德学院的老师经常强调：学习语言不能仅靠课堂，参加各种课外活动很重要。“但中国学生比较拘谨，不像外国人那么善于和主动为自己创造语言环境。”江树人意识到这点，4 个月语言学习期间他多次参加诸如欣赏经典音乐会和爵士音乐会、滑冰、郊游、参观慕尼黑的奥林匹克体育场馆、博物馆和电视塔等集体活动，获益匪浅。

江树人结束了在歌德学院为期 4 个月的德语学习，德国国际开发基金会（DSE）安排他分别参加了在柏林和慕尼黑附近 Stanberg 小镇举行的为期一个月的培训，于 1983 年 2 月 28 日，来到斯图加特市霍恩海姆大学（Hohenheim）农学院植物医疗研究所，师从米勒（Franz Mueller）教授，开始了他真正的留学生涯。

江树人乘火车抵达斯图加特市时，出乎意料的是，米勒教授偕夫人已等候在月台。“在驱车前往学校的途中，教授与夫人关切地问这问那，临别时还留下了为我特地准备的周末食品。”初次见面受到的亲切接待使他很快打消了到达前的种种疑虑。米勒教授对中国怀有深厚的感情。自 1981 年以来，他曾接待过近百位中国客人。对于来自中国攻读学位的研究生、进修生或访问学者，他总是根据本人要求、专业特长及停留时间长短，通过协商制订详细的计划。“当年的霍恩海姆大学只有 3 栋学生宿舍楼，能容纳学生不多，想入住并不容易，大多数学生租住在私人家中。我很幸运，在我到达前米勒教授已为我预定了一个学生宿舍房间。既方便上班，还可以自己做饭。”

霍恩海姆大学坐落在斯图加特市南郊，始建于 1818 年，距今已有近 200 年的历史。学校的校园面积很大很美，被誉为是德国最美的大学校园之一。这里没有围墙，完全对外敞开。校园内绿地面积大、树木多，学校四周的景色也非常怡人，是一个读书和做学问的好地方。该校的农科和经济学科在德国高校中属于强势学科。学校下设 3 个学院：农学院、自然科学学院、经济和社会科学学院。每个学院又下设多个研究所，研究所是从事教学和科研的基层单位。仅农学院就有 17 个研究所和 3 个试验站。“我所在的植物医疗研究所当时有 5 名教授，他们的研究领域分别是植物病理学、昆虫学、病毒学、杂草学和植物药理学。在德国的大学中，每一个学科方向一般只设一个教授岗位，即使取得了教授任职资格，必须有教授岗位空缺才能被聘任为教授。”

从 1983 年年初到 1984 年年底，江树人作为一名进修学者，他的大部分时光是在米勒教授的农药植物药理实验室里度过的。包括很多节假日在内，几乎每天在实验室工作十多个小时。米勒教授是农药植物药理专家，从事农药在植物体内的吸收、转运和代谢方面的研究。在米勒教授的指导下，江树人圆满地完成了预定的进修计划，其间，他很珍惜米勒教授为他创造的参加各种国际学术会议及参观访问的机会，他不仅学到了专业技能，培养了严谨的科学态度，锻炼了科研组织才能，最终完成了两个研究课题，并在国内外核心刊物发表了5篇文章。后来还将米勒教授的德文专著《植物药理学》翻译成中文，于1988年正式出版。

改革开放初期，中国内地公派出国的留学人员大多属于清贫的知识分子阶层，中华民族历来有节俭的传统，江树人在德国虽然拿德国国际开发基金会提供的较高的奖学金，但仍然保持着十分节俭的生活习惯。他选择到最便宜的超市购物，购买最便宜的生活物品。江树人至今仍清晰地记得食品的购买窍门："买食品往往会选择鸡、鸡蛋、牛奶等，这些食品既有营养又十分便宜。一只冻鸡3马克左右，一盒鸡蛋（10个）1马克多点，一升牛奶只几十尼，比吃蔬菜还要便宜，何乐而不为呢。"

为了省钱，江树人几乎没有进过理发店理发。在理发店男士理一次发最低价20马克，这价格是中国留学生难以接受的，所以中国学生往往自备简单的理发工具，大家互相理发。江树人在霍恩海姆大学期间就曾当过义务理发员，而他自己则要乘车到斯图加特大学请来自中科院力学所的刘大有帮他理发。

江树人作为改革开放初期的中国公派留学生，学习和工作都非常努力刻苦，他的勤奋和才智常常赢得德国导师和外国同事们的称赞和尊敬，他没有辜负祖国和人民的托付和期望，学成回国后便成了北京农业大学的教学、科研和管理领域的骨干。

1984年北京农业大学与霍恩海姆大学开始了第一期校际合作（最初的合作始于1979年9月8日国家三部委批准的两校校际学术联系），这一合作得到中德两国政府的大力支持。从1984—1989年期间仅德方的经费支持总额达两千万马克之多。由于执行合作项目，1986 年以后江树人又应邀多次访问该校。1999 年，他作为中国农业大学校长与霍恩海姆大学校长马卡崔拉（Markazina）教授在霍恩海姆大学标志性建筑——古王宫中签署了新一轮校际合作协议。

教学科研是教师的本分

江树人教授长期从事农药环境毒理和农药植物药理方面的教学和科研工作，他说："在高校，教学科研是教师的本分。"

江树人先后为本科生和研究生开设了气相色谱、波谱与色谱、农药与环境、农药植物药理学等课程。他讲课以条理清晰、语言流畅、重点突出、板书整齐而受到学生欢迎，在学校组织的课堂教学评比中曾被评为校级优秀课程并获得奖励。从 1986 年起在国内农业院校中首次开设"农药植物药理学及实验技术"，这门课程面向全校有关专业的研究生。由于课程内容新、实验手段先进（放射性同位素示踪技术），该课程很受研究生欢迎并得到研究生院的高度重视和支持。

江树人不仅做好自己的教学工作，还注重青年教师教学水平的培养。1994 年北京市第一次组织了全市高校青年教师教学基本功比赛。时任教务处处长的江树人精心组织了当时北京农业大学的青年教师教学基本功选拔赛。为了做好这次选拔工作，除了为参赛教师设立的一、二、三等奖，还特地设立了以院（系）为评奖单位的组织奖。此外，还采取了一系列措施以保证学校领导和各个院系主要负责人以及广大青年教师的积极参与。4 月 20 日的选拔赛从上午 9 点准时开始至下午 4 点结束，比赛现场自始至终秩序井然，参赛教师表现个个精彩，观众专注热情，中途无人退场。石元春校长也始终坐在观众席上。受邀来指导此次选拔赛的国家教委和北京市教委的领导对这次赛事的组织和比赛质量给予了高度评价，市教委李青同志说，这是她参加过的学校选拔赛中组织的最好的一次，农大青年教师的讲课水平给她留下了深刻的印象。

参加此次选拔赛的范志红老师，在参加北京市的比赛中荣获一等奖（全市获参赛一等奖的青年教师共 5 名），为学校赢得了荣誉。

江树人担任北京农业大学教务处长期间，教务处每年都被评为校级优秀处，1994 年北京农业大学教务处被国家教委评为全国高校优秀教务处。

从 2002—2007 年受教育部委托，江树人教授作为专家组组长带队对全国近 20 所农林院校进行了本科教学水平评估，圆满完成了任务并获得好评。

除了教学和管理工作，他还主持和参加了多项化工部、农业部“七五”、“八五”科研课题，参加了我国《农药合理使用准则国家标准》的制定，曾获农业部科技进步一等奖、国家科技进步二等奖、化工部科技进步二等奖、国家技术监督局科技进步一等奖、中国农科院科技进步二等奖等奖项。

2007 年，作为大会主席，江树人在北京友谊宾馆成功地主持召开了为期三天的第三届“农药与环境安全”国际学术研讨会暨第七届“植物化学保护和全球法规一体化”国际研讨会，有几十个国家的同行专家出席，并主编了《农药与环境安全国际会议论文集》。

多年来，江树人教授在国内外学术刊物上发表论文 170 余篇，主编和撰写了《庄户人家丛书》《高等农林教育改革与实践》《农药的合理使用与安全知识》等著作；翻译出版了《植物药理学》，参编了《植物医学导论》《汉德农业词典》《中国农业百科全书——农药卷》等著作。他指导的博士研究生论文曾荣获“全国百篇优秀博士论文”。

不断探索高等农业教育与教学改革

江树人长期从事教学管理工作。为了促进学校的教学改革，在担任北京农业大学教务处处长期间，他组织并直接指导了全校性的“125 教改项目”。该项目涉及 10 门实习课、20 门实验课和 50 门主干课程。项目实行公开申请、答辩、评审立项和结题验收，并从学校争取到专门经费的支持。全校大部分教师积极参与到这一教改项目中，该项目的实施极大地促进了全校教改工作的深入开展和课程质量的提高。由于该项目成效显著，曾获北京市教学成果一等奖。

20 世纪末，江树人担任中国农业大学副校长期间，国家教委组织开展了“面向 21 世纪教学内容和课程体系改革”。国家教委在农林院校共设立 22 个大课题，每个课题的主持单位通过专家评审决定。江树人的精心组织和指导，学校各学科最有影响的教授专家担任各个申报课题的主持人，并辅以得力的课题秘书人选。比如：关于“农林院校人才培养模式研究”的一号课题请曾担任过校长的石元春院士领衔，关于“农林院校专业目录修改的研究”的二号课题请曾担任过农业部教育司司长的毛达如教授担任主持人，吴常信院士、汪懋华院士、王树安教授、朱寿珩教授等分别被邀请担任动物生产类、农机类、植物生产类、化学类等教改课题主持人。由于农大课题主持人的学术造诣和他们在农业院校同行中的影响力，加上强大的申报队伍和高质量的申报材料，经过专家评审，农大被国家教委委以 8 个课题的主持单位，占国家教委在全国农林院校中立项课题总数的 36%。其后几年，在农大和各参与兄弟院校的共同努力下，农大负责牵头的 8 个课题全部圆满结题。其研究成果对我国农林院校教改工作的深化和人才培养质量的提高起到了积极促进作用。

经北京市和教育部评审，农大有 15 项教学成果获得 2001 年国家级、北京市级优秀教学成果奖，获国家级一等奖 1 项，国家级二等奖 1 项，北京市一等奖 5 项，北京市二等奖 8 项。江树人主持的“创建‘两段式’培养模式和‘三平台’课程体系，培养高素质的农业本科人才”课题获国家级教学成果一等奖。

该课题是在进入世纪之交，高校如何面对毕业生就业制由计划分配向双向选择和自主择业的过渡，适应 21 世纪市场对本科人才需求的大背景下进行的。其主要内容如下：

1. 打通基础课教学，建立以加强基础，淡化专业，提高全面素质为核心的“两段式”本科教育培养模式

教学改革的核心是培养模式的改革，通过调整教学计划从根本上突破以专业教育为核心的模式（基础课、专业基础课和专业课“三段式”），建立新的以综合素质教育与专业教育有机结合为核心的“两段式”培养模式，将整个教学计划分成基础段和专业段 2 个教学阶段，并在大的专业类群内，打通基础课教学。

“两段式”模式把基础课程放在首要地位，基础段必修学时数 1 100 ～ 1 200 学时，占总必修学时数的 60% ～ 70%。将西校区23个专业分成植物生产类、动物生产类、生物科学类、管理类、人文社科类、资源环境类、工科类等七大专业类群，打通基础课，同一专业类的各专业设置同样的基础课，并按照基础课自身的体系进行教学。

在专业段主要进行专业理论课与实践课教学，并以实践课教学为主线，强调学生创新能力的培养。专业段必修课总学时为550～650学时，实践教学20周左右。

2. 建立“三平台”课程体系，实施四个模块实践教学，制订新的教学计划

“三平台”课程体系即将课程计划按照基础课平台、专业课平台和专业方向课平台设置，形成相互联系的理论课程体系。

基础课平台占总理论课60%～70%，强调整体优化，注重“综合化、多层次、可叠加”。基础课平台由数理化、马列主义与思想品德及外语与计算机、人文社会科学、生物及农业概论课等数个类群的课程组成。

专业课平台为专业骨干课程，属于专业形成所具备的最基本的知识，注重培养学生的专业能力，强调调整和重组，专业骨干课程要求具有“小型化、基本性、技能型”的特点。专业平台较基础课平台小，通常占总课时数的20%～25%。

专业方向平台则为专业方向课程，是学生专业知识的进一步拓展与延伸，具有“灵活性、先进性、拓展性、专题性、小型化”的特点。专业方向平台更小，通常占总课时数的10%～15%。学生专业技能的培养，一方面通过理论课学习来获得，更重要的是通过实习实践来获得。

实践教学体系的四个模块包括：社会道德养成模块、公共技能模块、专业技能模块、创新能力培养模块。前两个模块在基础段教育时完成，后两个模块在专业段教育中完成。社会道德养成模块主要包括军事训练、公益劳动、社会实践3门实习课，公共技能模块主要包括农事实习和田间观察课，专业技能模块为专业实习和参观课程以及毕业实习，创新能力培养模块主要为持续1年（每星期1天）的科研训练课程。

3. 改革课程体系，优化课程内容

按照基础课程“综合化、多层次、可叠加”，专业骨干课“小型化、基本性、技能型”的原则，完成了重要基础课和专业骨干课的课程体系与内容的改革。

例如，数学系列课程由基础数学和应用数学2部分组成，已形成一个新的系列课程体系。在基础数学部分，包括有“数学Ⅰ”、“数学Ⅱ”、“应用概率统计”3门课程，淡化数学的系统性和运算技巧等内容，并且3门课程可以叠加，在应用数学部分，开设“应用数学模型”、“多元统计方法”、“随机模型计算机模拟矩阵分析”等9门18～36学时的课程，可作为某些专业的必修课，也可作为选修课。物理系列课程、化学系列课程、英语教学上也都有较大改革（略）。

专业骨干课程的改革，对内容进行了整合。如园艺骨干课程采用模块式课程体系进行教学，其中部分教学内容是原3门旧专业课程的重组，如园艺作物育种学（原为果树育种学、蔬菜育种学、观赏园艺作物育种学）；栽培学则分成几门小的课程并在教学内容上重组，如原200学时的果树栽培学，改革后形成果树生物学、果树栽培学概论、仁果类果树栽培、核果类果树栽培、浆果类果树栽培、果品营销学等6门课程。

教学改革共分成3个阶段进行，分别为：基础段教学计划的设置与基础系列课改革；专业段教学计划的设置与专业骨干系列课改革；系列教材建设；选修课教材建设。通过教学研究，进行了多种教学方法的探索，重新编写了教学大纲，编写出版了部分教材，有些课程开发了计算机辅助教学软件。这些改革促进了教学质量的提高。

这次改革的创新点是：①构建了以基础教育为重点，基础教育与专业教育有机结合的“两段式”培养模式。②构筑了宽厚的基础课教学平台，宽口径的专业教学平台和灵活的专业方向平台课程结构以及“四模块”实践实习体系。③“三平台”课程体系建设将新的教育思想、教学内容和教学方法融入课程，固化到教材中。④率先有计划地开展全方位教学改革，及时吸收面向21世纪教育教学改革研究成果，体现出改革的超前性。

教学改革关键是成效，“教学质量是一所大学的永恒主题”。1998级本科生开始执行新的培养方案，通过几年的实践，到2001年年底，有5 000余名学生按照改革后的教学计划培养，取得了明显效果。学生的自然课基础和人文社会科学知识均得到了加强。1998级学生二年级末英语四级通过率比1997级提高9%，1999级比1998级提高了18%；计算机等级考试成绩明显提高。数学、物理等课程的改革，开发了学生的思维能力，初步培养了学生的创新精神和创新能力，学生的综合素质明显提高。

“两段式”培养模式和“三平台”课程体系的人才培养方案，在教育部、农业部、北京市教委组织的部分教学改革会议上进行了介绍，并先后向河北农业大学、山西农业大学等十几所学校介绍经验，在全国兄弟院校产生了积极影响。

江树人深入课堂听课

重视学科建设　加速学校发展

学科建设是高等院校科学研究和人才培养的重要基础，学科的综合实力是衡量高校办学水平的重要标志。江树人出生在清代文学巨匠吴敬梓笔下的儒林之乡安徽全椒县，有着深厚扎实的文化功底。当他成为农大的领导后，尤其看重学科建设。

1996 年，国家教委组织了全国高校理科基地申报和评审工作。作为主管教学工作的副校长江树人主张农大同时申报生物学和化学两个基地。理科基地申报竞争十分激烈，竞争对手不仅仅是在农林院校之间，而是与全国所有高校一起竞争。作为农业院校的中国农业大学应用化学系与全国众多著名综合性大学实力雄厚的化学学科一起去竞争有限的化学理科基地名额，其难度更是可想而知。在江树人和王道全两位教授的精心组织和谋划下，在申报材料中突出强调了化学在现代农业发展中的重要性、农大应用化学学科的历史、特色、所取得的成就和对国家的贡献等。最终中国农业大学化学理科基地获得批准，成为全国农业院校中唯一的一个化学理科基地。化学理科基地的申报成功对推动农大化学学科的建设和发展起到了重要作用。

1998 年，江树人出任中国农业大学校长。他在任的 2001 年，国家教育部开展新中国成立以来的第二次国家级重点学科申报评审工作。江树人清醒地认识到：抓住这次机遇，做好申报工作对学校未来学科发展十分重要。他分析了农大的学科优势、问题以及发展战略。他认为，中国农大具有崇尚科学，理实并重的优良传统；长期以来，在农业相关领域研究中，取得了一批重大成果，形成了较为齐全的学科门类和基本合理的学科布局；拥有一支较高素质的教师队伍；学校成为首批“211 工程”建设的重点院校之一。这些优势，为学校今后的发展奠定了坚实的基础。然而，中国农大也面临不少问题，有些是中国高等院校共性的问题，但作为农业院校，它们又存在着一些特殊困难和不利因素。在此全面分析的基础上，形成了农大学科发展的基本思路。这就是树立与现代化大农业相适应的系统观念，确立以农业、农民和农村为中心的学科发展战略，确保有基础、有前景的传统学科，开拓新兴学科，加强基础学科，适度发展一般学科。争取在 5 年内，重点建设好农业生物与生命科学、农业资源与环境科学、动物科学与技术、作物科学、植物有害生物综合治理、农业机械化与农业机械设计制造、动物疫病综合防治、食品科学与工程、农药学、农业电气化与自动化等学科，使其水平接近或达到同类学科国际先进水平，同时，努力创造条件建设农业信息技术等新兴学科。

江校长认为，学科建设是学校生存发展的根本。学科建设的重点是人才队伍建设和完善学科发展机制。学校各部门都应明确教师的办学主体地位，树立为教师服务，为学科发展和教学服务的良好意识，形成尊师重教，引才留才、育才成才的良好环境。江校长说，只有支持创新，鼓励冒尖，激励优秀人才脱颖而出，才能构筑起人才的高地。

因为此次申报是通信评议，所以申报材料的质量很关键。作为校长，他亲自抓此项工作并做了精心的部署，要求申报材料突出学科历史、特点、队伍、成就和发展前景，还要求文字简练流畅、打印规范。江树人还专门组织了材料审查小组并亲自把关，对每份申报书的质量进行点评，提出修改意见直至满意为止。由于农大学科有着较好的基础，加之申报质量的保障，此次申报工作大获成功，使农大的国家重点学科数量由 11 个增至 19 个，高出教育部所属的其他 3 所农业院校重点学科数的总和，在全国高校中排名第 8 位，大大提升了学校的社会声誉。

尝试民办高等教育

江树人教授于 2008 年从中国农业大学卸任后受吉利集团董事局主席、北京吉利大学董事会董事长李书福的聘请，出任北京吉利大学董事会董事、校长，同时兼任党委书记。2008 年 3 月 21 日下午，中国农业大学党委书记瞿振元，校长柯炳生亲送江树人教授赴北京吉利大学履新。

曾在公办教育领域工作了近 40 年，从国家“211 工程”

和“985 工程”重点大学到民办高校从事领导工作，落差很大，但江树人认为这是一个新的尝试和挑战。他说：“在美国的名牌大学当中有 80% 是私立大学，我坚信，中国未来肯定会在私立大学当中出现名牌大学。当然这个路是漫长的。我希望吉利大学通过不懈的努力，利用办学机制等方面的优势率先尽早跨入名牌大学的行列。”

江树人在高等教育领域里工作了几十年，再加上多次到德国、美国、英国、法国、日本、荷兰、以色列等国访问学习交流，积累了丰富的经验，对中国的高等教育有着独到的深刻认识。他说：“思路决定出路。不论公办大学还是私立大学，倘若没有正确的办学理念，学校就等于没有灵魂。即便是投入再多、管理再严，也无法办出特色鲜明的高水平大学。”

（才杰　文）

江树人简历

1944 年 6 月 29 日	出生在安徽省全椒县
1950 年至 1956 年	在安徽省全椒县南屏小学，实验小学读初小和高小
1956 年至 1962 年	安徽省全椒中学读初中和高中
1962 年至 1967 年	北京农业大学土壤农业化学系农药专业学习
1967 年 8 月至 1968 年 8 月	全国 1967 届大学毕业生推迟一年毕业，留校参加“文革”
1968 年 9 月至 1970 年 1 月	北京军区 4568 部队接受“再育教”
1970 年 3 月至 1970 年 7 月	安徽省全椒县丰产中学任教员
1970 年 8 月至 1978 年 8 月	安徽全椒化肥厂从事技术工作，任生产技术股负责人
1978 年 9 月至 2008 年 9 月	北京农业大学（后更名中国农

	业大学）先后任助教、讲师、副教授、教授；行政职务担任过教研组主任、副系主任、教务处处长、副校长、校长。期间 1982 年 10 月至 1984 年 12 月被公派至联邦德国学习两年，2008 年 9 月从中国农业大学退休
2008 年 2 月至 2014 年 4 月	受聘担任北京吉利大学校长、党委书记

曾担任的社会兼职

中国高教研究会副会长
全国农林高校教学研究会理事长
全国农药工业协会副会长
全国农药应用与管理学会副会长
全国农业环境保护协会副理事长
北京农药学会理事长
宝钢教育基金理事
《化学通报》编委
北京市科协常委
天津市政府战略发展顾问
日本东京农业大学客座教授
中国老教授协会副会长

主持过的主要研究课题

1. 农业上使用农药对地下水、地表水和大气的影响　中德合作项目　1998—2002 年
2. 植物系统获得性抗病（SAR）药剂（诱导剂）的研究　教育部科学技术研究重点项目　2001—2004 年
3. 农林科本科人才素质教育与创新能力培养的研究与实践　教育部新世纪高等农林教育教学改革立项项目　项目编号：1292A0111　2001—2004 年
4. 农药污染物对水环境的影响　博士点基金　2002—2004 年
5. 同时测定甲基对硫磷等农药的免疫与生化技术　“863”子课题（编号：2001AA249062）　2002—2004 年
6. 农药污染控制技术研究　“十五”国家科技攻关计划重大专项　生态农业技术体系研究与示范　项目编号：2002BA516A01　2002—2004 年
7. Effects of fusarium infection on mycotoxin contamination in asparagus production 中德农业科学合作研究项目 项目编号：GZ051-7 (151)　2003—2004 年
8. 农药多残留快速检测技术的引进　农业部“948”项目　2004—2007 年

著作和论文

发表著作和译著多部，在国内外学术刊物发表论文 170 多篇。

获奖情况

科研获奖项目：

1979 年　化工部科技进步奖：甲醇法提取六六六工艺流程

1980 年　农业部农牧业技术改进一等奖：农药安全使用标准研究

1985 年　国家科学技术进步二等奖：农药安全使用标准研究

1985 年　农牧渔业部科技进步三等奖：农药安全使用标准研究

1986 年　农牧渔业部科技进步三等奖：呋喃丹等待 19 种农药在 11 种作物上 32 项残留动态研究及安全使用指南的制定

1989 年　国家科学技术委员会国家科技成果奖：呋喃丹等 19 种新农药安全使用标准

1989 年　国家技术监督局科技进步一等奖：农药合理使用准则（一），（二）（GB8321.1–2–89）国家标准

1990 年　中国农科院科技进步二等奖：稻米，小麦和土壤中六六六，滴滴涕农药残留分析方法研究

1990 年　国家科技进步二等奖：农药合理使用准则（一），（二）（GB8321.1–2–89）国家标准

教学获奖项目：

1987 年　北京农业大学“本科课堂教学”优秀奖

1993 年　北京农业大学“本科生毕业论文指导体系”优秀教学成果奖

2001 年　北京市教育教学成果（高等教育）一等奖：“创建两段式培养模式和三平台课程体系，培养高素质的农业本科人才”

2002 年　国家级教学成果一等奖：“创建两段式培养模式和三平台课程体系，培养高素质的农业本科人才”

2008 年　全国优秀博士论文指导教师

1993 年　获政府特殊津贴